큰별쌤 최태성의
한국사 신문

5 근현대

기획·글 **최태성**
글 이세영
그림 송진욱

아이스크림북스

📖 머리말

한국사를 신문으로 보면
역사의 문이 활짝 열립니다!

안녕하세요, 큰★별쌤 최태성입니다.

저는 오래전부터 이런 생각을 해 왔습니다.

'어린이들이 역사를 좀 더 재밌고 의미 있게 만날 수는 없을까?'

역사는 단순히 오래된 과거 이야기가 아닙니다. 지금의 나 그리고 우리가 살아가는 세상을 더 깊이 이해하게 해 주는 살아 있는 이야기입니다.

그래서 이번엔 아주 특별한 방식으로 여러분과 역사를 만나고 싶었습니다.

바로 신문입니다!

『큰별쌤 최태성의 한국사신문』은 이름처럼 신문 기사 형식으로 한국사를 풀어 낸 책이에요.

역사 속 주요 사건과 인물을 기자가 되어 직접 취재한 듯 생생하게 담았어요. 마치 오늘 벌어진 일처럼 기사로 정리하고, 역사 속 인물을 인터뷰하고, 광고도 실어 보고, 큰별쌤의 생각을 전하는 칼럼도 함께 담았습니다.

이 책을 펼치면 여러분은 저와 함께 타임머신을 타고 시간 여행을 떠나게 될 거예요.

기사를 읽듯 술술 읽히면서도 머릿속에는 그 시대의 모습이 그려지고, '왜 이런 일이 일어났을까?', '나는 어떻게 생각하지?'라는 질문이 떠오를 거예요.

　이렇게 질문을 던지는 순간, 여러분은 이미 역사를 '공부'하는 것이 아니라 '이해'하고 '생각'하는 멋진 역사 탐험가가 된 거랍니다.

　역사는 그냥 외우는 과목이 아니에요. 역사 공부를 통해 우리는 세상을 바라보는 눈과 생각하는 힘을 기를 수 있어요. 그 힘은 여러분이 앞으로 살아가며 만나게 될 세상 속 수많은 선택의 순간에 분명히 도움이 될 거예요.

　『큰별쌤 최태성의 한국사신문』 시리즈는 선사 시대부터 근현대까지 한국사의 흐름을 꿰뚫는 여정을 담고 있어요. 이 책은 그 다섯 번째 여정으로, '근현대'를 다루고 있어요. 신문을 읽듯 가볍게 시작하되, 그 안에서 많은 질문을 던지며 나만의 생각을 쌓아 보세요.

　이 책이 여러분에게 역사의 문을 여는 열쇠가 되길 바랍니다. 그리고 그 문 너머에서 과거와 현재를 잇는, 미래로 향하는 멋진 여행을 함께 떠나 보아요.

　그럼 큰★별쌤과 함께 출발해 볼까요?

2025년 11월

큰★별쌤 최태성

한국사신문을 소개합니다!

① 큰★별 기자, 한국사 뉴스를 전하다!

> "역사를 바라보는 올바른 눈을 키우고
> 새로운 가치를 읽어 내는 새로운 한국사신문"

중요한 역사적 사건과 인물을 신문 기사에 담았습니다.
큰별 기자가 당대와 현재를 오가며
한국사를 더욱 생생하고 풍성하게 전달합니다.

> 큰별 기자가 역사에서 주요한 사건과 인물, 의의를 담백하게 전합니다.

> 역사는 과거와 현재의 끊임없는 대화죠. 큰별 기자가 당대의 인물을 직접 만나 봅니다.

> 큰별 기자가 역사를 아우르는 통찰력으로 과거를 해석하고, 오늘을 살아가는 우리에게 역사 속 메시지를 되새기게 합니다.

보도하는 큰별 기자

인터뷰하는 큰별 기자

해석하는 큰별 평론가

② 이렇게 읽으면 학습 효과가 두 배, 재미는 무한대

기사 제목으로 사건 상상하기
역사적 사실을 한 문장으로 압축했어요. 제목만 읽어도 한국사의 큰 흐름을 파악할 수 있어요.

재치 있는 삽화
그림만으로도 기사 내용이 머리에 쏙쏙 들어와요.

기사로 알찬 역사 지식이 쏙쏙!
꼭 알아야 할 역사 속 이야기를 기사 형식으로 풀어냈어요. 마치 엊그제 일어난 일처럼 즐길 수 있어요.

소제목으로 주요 내용 짚기
기사마다 중요한 내용을 부제로 만들어 핵심 내용을 파악하기 쉬워요.

풍부한 자료 사진
당대를 생생하게 느낄 수 있는 사진이 가득해요.

일러두기
1. 역사적 사실을 고증하거나 평가할 때는 교과서를 기준으로 삼았습니다.
2. 사실에 기초하여 기사를 집필하였으나, 신문의 형식에 맞추고 어린이들이 이해하기 쉽도록 사실 범위에서 가공한 부분도 있습니다.
3. 용어나 지명은 가능한 한 해당 시기의 명칭을 사용하는 것을 원칙으로 하였으나, 확인할 수 없는 경우에는 현재의 명칭을 그대로 썼습니다.
4. 역사상 인물의 모습은 초상화나 인물화를 기초로 삼았으나, 자료가 남아 있지 않은 경우에는 임의로 그렸습니다.
5. 역대 국왕의 명칭은 원래 사후에 정해지지만 편의상 당대에도 쓰인 것처럼 표기하였습니다.

③ 이렇게 구성되었어요

1면 헤드라인

각 호별로 기사, 인터뷰, 칼럼으로 구성되어 있습니다. 헤드라인에서는 각 신문에서 다루는 핵심 사건과 기사 제목을 소개합니다.

큰별 기사

해당 주요 사건을 육하원칙에 따라 다뤘습니다. 그리고 핵심 내용을 쉽게 파악하도록 색으로 표시했습니다.

큰별 광고

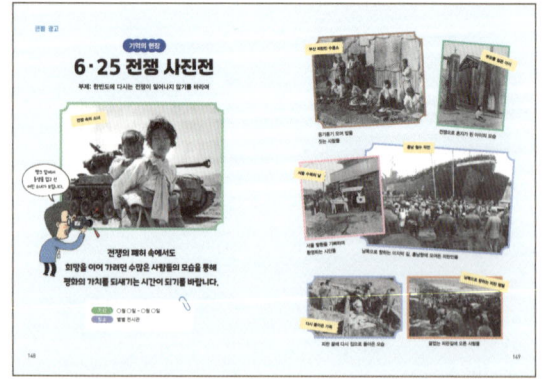

당시 상황을 풍자적으로 담아낸 광고입니다. 시대상과 문화를 유쾌하게 표현해 역사적 상상력을 자극하고, 배경지식까지 함께 제공합니다.

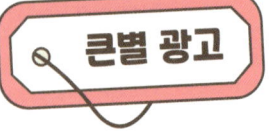

 큰별 인터뷰 　　 큰별 칼럼

큰별 기자가 역사 속 인물을 직접 만나 이야기를 들어 보는 상상 인터뷰입니다. 인물의 생각과 감정을 느껴 볼 수 있습니다.

큰별 기자가 직접 들려주는 해설 코너입니다. 역사적 의미와 배경, 오늘날과의 연결점을 쉽고 깊이 있게 전합니다. 칼럼을 읽고 나만의 견해를 생각해 볼 수 있습니다.

연표 부록

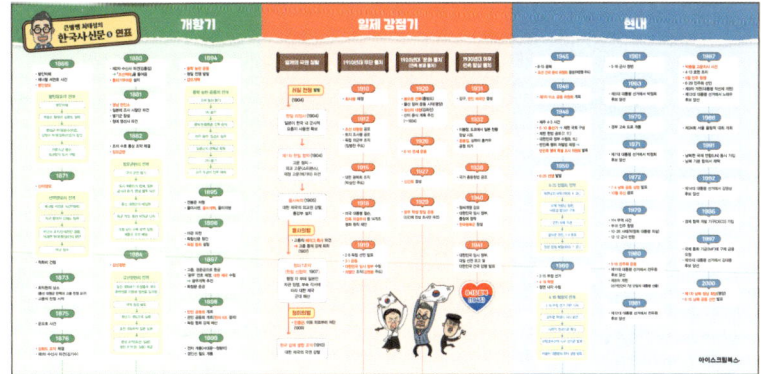

책 속 주요 사건이 전체 역사 흐름에서 어떤 위치인지 맥락을 파악하며 내용을 정리합니다.

차 례

머리말

한국사신문을 소개합니다

제1호 　개항기 | 조선, 나라의 문을 열다 · 13

1. 기사　척화비 건립, 조선의 문을 굳게 닫다 … 14
2. 기사　강화도 조약 체결로 부산 등 3개 항구 개항 … 16
3. 인터뷰　개화의 문 앞에 선 고종을 만나다 … 18
4. 기사　영남 유생들, 집단 상소 운동 전개 … 20
5. 기사　청군 개입으로 임오군란 진압 … 22
6. 칼럼　강화도 조약 체결로 일어난 나비 효과 … 24

제2호 　개항기 | 근대적 개혁 운동을 펼치다 · 27

1. 기사　갑신정변, 3일 천하로 마무리되다 … 28
2. 인터뷰　갑신정변을 이끈 김옥균을 만나다 … 30
3. 기사　전주 화약 체결, 동학 농민군 해산하다 … 32
4. 인터뷰　동학 농민 운동을 이끈 전봉준을 만나다 … 34
5. 칼럼　과거의 실패가 미래의 성공이 되는 역사 … 36

제3호 　개항기 | 낡은 제도를 벗어던지다 · 39

1. 기사　갑오개혁 실시, 신분제 폐지되다 … 40
2. 인터뷰　갑오개혁에 대한 각계각층의 반응 … 42
3. 기사　을미사변과 단발령, 백성의 분노가 폭발하다 … 44
4. 인터뷰　을미의병을 이끈 유인석을 만나다 … 46
5. 기사　고종, 비밀리에 러시아 공사관으로 대피 … 48
6. 칼럼　다른 나라에 의지한 조선이 치러야 할 대가 … 50

제4호　대한 제국 | 자주독립 국가를 세우기 위해 노력하다 · 53

1. 기사　독립 협회, 만민 공동회를 개최하다 … 54
2. 기사　황제의 나라, 대한 제국을 선포하다 … 56
3. 인터뷰　고종에게 듣는 광무개혁 이야기 … 58
4. 인터뷰　관민 공동회, 국민의 목소리를 듣다 … 60
5. 기사　경인선 개통, 신식 교통수단 등장 … 62
6. 칼럼　광장에서 피어난 민중의 정치 … 64

제5호　대한 제국 | 국권을 지키기 위해 노력하다 · 67

1. 기사　을사늑약 체결, 대한 제국 외교권 상실 … 68
2. 기사　정미의병 전국 확산, 해산 군인 대거 합류 … 70
3. 인터뷰　안중근, 일본을 향해 방아쇠를 당기다 … 72
4. 기사　신민회, 독립운동 기지 건설 본격화 … 74
5. 인터뷰　국채 보상 운동의 확산을 이끈 양기탁을 만나다 … 76
6. 칼럼　을사오적의 이름을 기억하다 … 78

제6호　일제 강점기 | 일제의 무단 통치에 맞서다 · 81

1. 기사　조선 태형령 실시, 무단 통치 강화 … 82
2. 기사　토지 조사 사업, 농민 피해 확산 … 84
3. 인터뷰　항일 비밀 결사를 이끈 인물들을 만나다 … 86
4. 칼럼　꿈은 동사여야 한다 … 88

제 7 호 | 일제 강점기 | 3·1운동과 대한민국 임시 정부 탄생 · 91

1. 기사 — 전국으로 번지는 '대한 독립 만세' 함성 … 92
2. 인터뷰 — 목 놓아 독립을 외친 유관순을 만나다 … 94
3. 기사 — 대한민국 임시 정부 수립, 독립운동 새 전환점 … 96
4. 인터뷰 — 대한민국 임시 정부의 안창호를 만나다 … 98
5. 칼럼 — '제국'에서 '민국'으로 … 100

제 8 호 | 일제 강점기 | 다양한 민족 운동을 전개하다 · 103

1. 기사 — '문화 통치' 내세운 일제, 독립운동 탄압 … 104
2. 기사 — 청산리 대첩 승리, 일본군 격퇴 … 106
3. 인터뷰 — 김원봉, 의열단의 길을 말하다 … 108
4. 광고 — 우리가 만든 것 우리가 쓰자! … 110
4. 기사 — 광주 학생 항일 운동, 전국으로 확산 … 112
6. 칼럼 — 학생, 역사를 움직인 주역이 되다 … 114

제 9 호 | 일제 강점기 | 일제에 맞서 민족을 지키기 위해 노력하다 · 117

1. 기사 — 조선어 학회 강제 해산, 국어사전 편찬 중단 위기 … 118
2. 인터뷰 — 한인 애국단을 조직한 김구를 만나다 … 120
3. 기사 — 징병제 실시, 전시 동원 체제 강화 … 122
4. 기사 — 1945년 8월 15일, 광복을 맞이하다 … 124
5. 칼럼 — 한글은 이렇게 지켜졌다 … 126

| 제10호 | 현대 | 대한민국 정부가 수립되다 · 129 |

1 기사 북위 38도선 기준으로 남과 북으로 분단 … 130
2 인터뷰 5·10 총선거의 생생한 목소리를 듣다 … 132
3 기사 광복 3년 만에 대한민국 정부 수립 … 134
4 칼럼 사람보다 이념이 우선되어서는 안 된다 … 136

| 제11호 | 현대 | 한반도에 전쟁의 불길이 타오르다 · 139 |

1 기사 북한 남침으로 6·25 전쟁 발발 … 140
2 기사 인천 상륙 작전 성공, 전세 역전 … 142
3 인터뷰 흥남 철수 작전 생존자의 이야기 … 144
4 기사 정전 협정 체결, 전쟁의 총성이 멎다 … 146
5 광고 6·25 전쟁 사진전 … 148
6 칼럼 학도 의용군, 이우근 학도병의 편지 … 150

| 제12호 | 현대 | 시민 혁명으로 새로운 시대를 깨우다 · 153 |

1 기사 부정 선거에 맞선 민주주의 혁명 … 154
2 기사 박정희, 군사 정변으로 정권 장악 … 156
3 기사 서울과 부산을 잇는 경부 고속 도로 개통 … 158
4 칼럼 4·19 혁명은 왜 혁명이라 불리는가 … 160

제13호 　현대 | 유신 체제의 그늘 아래 시작된 사회 변화 · 163

1. 기사　유신 헌법 공포, 권력으로 자유를 흔들다 … 164
2. 인터뷰　옷과 머리도 내 마음대로 못 하나요? … 166
3. 기사　서울에서 청량리까지 지하철 개통 … 168
4. 기사　유신 체제에 대한 저항, 10·26 사태로 이어지다 … 170
5. 칼럼　통일이여, 평화의 바람을 타고 오라 … 172

제14호 　현대 | 민주화의 씨앗이 싹트다 · 175

1. 기사　5·18 민주화 운동, 시민들 계엄군에 맞서다 … 176
2. 기사　6월 민주 항쟁, 대통령 직선제를 이끌어 내다 … 178
3. 인터뷰　서울 올림픽 개최, 세계인의 축제가 열리다 … 180
4. 기사　남북 기본 합의서 채택, 화해의 시대 열려 … 182
5. 칼럼　프로 야구는 그저 즐거운 스포츠일까? … 184

제15호 　현대 | 대한민국, 선진국으로 나아가다 · 187

1. 기사　OECD 가입으로 선진국 대열 합류 … 188
2. 기사　외환 위기 속 IMF 구제 금융 요청 … 190
3. 기사　남북 정상 회담 개최, 화해의 새 시대를 열다 … 192
4. 인터뷰　K-문화에 푹 빠진 체코 유학생을 만나다 … 194
5. 칼럼　역사는 패배를 부끄러워하지 않는다 … 196

큰별쌤 최태성의 한국사신문　　　　　　　　　　　　　　개항기

제 호 조선, 나라의 문을 열다

◆ 병인양요　◆ 신미양요　◆ 척화비　◆ 강화도 조약　◆ 영남 만인소　◆ 임오군란

1. 척화비 건립, 조선의 문을 굳게 닫다
2. 강화도 조약 체결로 부산 등 3개 항구 개항
3. 〈큰별 인터뷰〉 개화의 문 앞에 선 고종을 만나다
4. 영남 유생들, 집단 상소 운동 전개
5. 청군 개입으로 임오군란 진압
6. 〈큰별 칼럼〉 강화도 조약 체결로 일어난 나비 효과

제 1 호 　개항기

척화비 건립
조선의 문을 굳게 닫다

척화비 (국가유산청)

전국 주요 도시에 척화비 건립

1871년, 흥선 대원군이 한성을 비롯한 전국의 주요 도시에 '척화비'를 세우라고 지시했다. 비석에는 "서양 오랑캐가 침입했는데 싸우지 않으면 화친하는 것이고, 화친을 주장하는 것은 나라를 팔아먹는 일이다."라는 내용의 글을 새겼다. 이는 서양과 교류하는 것을 단호히 거부하고, 외세의 침략에 맞서야 한다는 뜻을 온 백성에게 분명히 알리려는 의도로 풀이된다.

잇따른 서양 세력의 침입이 배경

흥선 대원군이 척화비를 건립하는 등 *통상 수교 거부 정책을 강화하게 된 배경에는 프랑스와 미국의 강화도 침략 사건이 결정적인 계기가 되었다.

1866년, 프랑스는 천주교 탄압 사건인 병인박해를 구실로 강화도를 공격해 병인양요를 일으켰다. 조선 정부가 프랑스 선교사와 천주교도 수천 명을 처형했다는 소식이 프랑스에 전해지자, 프랑스가 군함 7척과 군인 1,000여 명을 이끌고 조선으로 쳐들어온 것이다.

처음에는 강력한 무기를 앞세운 프랑스군에 조선군이 어려움을 겪었으나 양헌수 부대가 정족산성의 지형을 활용해 반격에 성공하면서 프랑스군을 물리쳤다. 그러나 프랑스군은 강화도에서 철수하면서 외규장각에 보관되어 있던 의궤, 도서, 보물 등을 약탈해 갔다.

같은 해, 미국 상선 제너럴 셔먼호가 조선의 허락 없이 평양까지 들어와 주민을 위협하자, 조선군은 배를 불태우고 선원들을 처단했다. **이 사건을 빌미로 미국은 1871년, 대규모 함대를 이끌고 강화도를 침략해 신미양요를 일으켰다.** 미군이 강력한 무기를 앞세워 조선군에 큰 피해를 입혔으나, 어재연이 이끄는 군사들은 광성보에서 끝까지 버티며 맞서 싸웠다. 비록 광성보가 함락되기는 했지만, 조선 정부가 끝까지 협상을 거부하자 결국 미군은 철수했다.

서양 세력 향해 단호한 경고

이처럼 서양 세력이 무력을 앞세워 통상을 요구하자 조선 사회에는 서양에 대한 경계심이 크게 높아졌다. 이에 흥선 대원군은 척화비를 세워 서양 세력과 결코 손잡지 않겠다는 조선의 굳은 의지를 보여 준 것이다.

그러나 이미 청과 일본이 서양과 교류를 시작한 가운데, 조선이 이 방침을 얼마나 오래 지켜 낼 수 있을지 관심이 모아지고 있다.

*통상 수교 거부 정책 다른 나라와의 외교 관계와 무역을 허용하지 않는 외교 정책.

제 1 호　개항기

강화도 조약 체결로 부산 등 3개 항구 개항

조선, 일본과 강화도 조약 체결

　1876년, 조선 정부가 일본과 강화도 조약을 맺었다. '조일 수호 조규'라고 불리는 이번 조약은 조선이 외국과 맺은 첫 근대 조약이다. 이는 조선이 국제 사회에 공식적으로 발을 들인 중요한 계기로 평가된다.

　조약을 체결한 배경에는 고종이 직접 나라를 다스리기 시작하며 외교 정책에 변화를 주려 한 것도 있지만, 지난해 발생한 운요호 사건이 결정적인 이유로 알려졌다.

일본, 운요호 사건으로 외교 압박

1875년, 일본 군함 운요호가 조선 해역인 강화도 근처에 침입해 무력 충돌을 일으킨 사건이 있었다. 일본은 이를 빌미로 조선에 항구 개방과 통상 수교를 강하게 요구했다.

이 사건을 두고 조정 내부에서는 의견이 갈렸다. 외국과의 관계를 철저히 거부해야 한다는 '척화파'와 평화롭게 지내자고 주장하는 '개화파'가 대립한 것이다. 결국 통상 수교를 주장한 개화파의 의견이 받아들여지면서 강화도 조약을 맺게 되었다.

조선에 불리한 조항 다수 포함

이번 조약으로 조선은 부산을 포함한 항구 세 곳을 열었다. 또 일본이 조선의 해안을 조사할 수 있는 '해안 측량권', 조선에 거주하는 일본 사람을 일본 법으로 재판할 수 있는 '영사 재판권'을 인정하게 되었다.

한 고위 관리는 "강화도 조약의 체결로 조선의 자주권이 심하게 침해되었다."라며 "앞으로 서양 나라와 조약을 맺을 때에도 같은 문제가 생길 수 있다."라고 걱정했다.

강화도 조약이 조선의 근대화를 여는 첫걸음이 될지, 아니면 나라의 권리를 빼앗기는 시작점이 될지는 앞으로 조선 정부가 어떤 외교를 펼치느냐에 달려 있다.

★ 큰별 단신

'조일 수호 조규 부록', '조일 무역 규칙' 체결
일본 경제 침투 본격화

조선과 일본은 강화도 조약의 부속 조약으로 '조일 수호 조규 부록'과 '조일 무역 규칙'을 체결했다. 이 조약으로 일본 사람이 머무를 수 있는 지역인 '조계'가 설정되고, 일본 돈으로 쌀을 사고파는 것이 허용되었다. 하지만 수출입 물품에 매기는 세금 규정이 빠져 있어 조선 상인이 큰 피해를 볼 것이라는 걱정이 커지고 있다.

| 제 1 호 | 개항기 |

*개화의 문 앞에 선 고종을 만나다

최근 강화도 조약 체결 이후 조선은 새로운 문을 열고 변화의 길 위에 섰습니다. 그 변화의 중심에 선 인물, 고종을 만나 보겠습니다.

큰별: **강화도 조약을 맺고 조선은 부산, 원산, 인천 세 항구를 열고 일본과 통상을 시작했습니다. 이번 조약의 의미를 어떻게 평가하십니까?**

고종: 이웃 나라인 청과 일본이 이미 문을 열고 서양의 문물을 받아들여 발전하고 있소. 우리 조선도 새롭고 발전된 문물을 받아들이는 개화의 길로 나아가야 한다고 생각하오. 강화도 조약은 단지 일본과 수교를 맺는 것뿐 아

큰별 인터뷰

니라 새로운 시대를 여는 출발점이오. 앞으로 조선은 더 강한 나라로 나아갈 것이오.

개항 이후 추진된 개화 정책을 소개해 주시겠습니까?

먼저 일본에 수신사를 보내 근대 문물을 직접 보고 배우게 했소. 이들의 의견을 바탕으로 개화 정책을 총괄하는 통리기무아문을 설치했다오. 또 군사 제도를 개편하고 신식 군대인 별기군을 창설했소.

아울러 조사 시찰단을 비밀리에 일본에 파견하여 일본의 제도와 공장 등을 조사해 오도록 하고, 청에는 영선사를 파견해 서양식 무기 제조 기술을 배우도록 했다오.

마지막으로 백성에게 전하고 싶은 말씀이 있으신가요?

조선은 지금 세상의 변화를 외면하지 않고, 새로운 시대에 걸맞은 나라로 거듭날 준비를 하나씩 해 나가고 있소. 변화는 두렵게 느껴질 때도 있지만 그 끝엔 희망이 있소. 백성도 지혜를 모아 이 어려운 시기를 이겨 내도록 함께해 주길 바라오.

개항 이후 조선은 새로운 세상과 마주하기 시작했습니다. 외국의 문물을 배우고 제도를 바꾸려는 노력 속에서 조선은 한 걸음씩 근대화의 길로 나아가고 있습니다. 지금까지 큰별 기자였습니다.

*개화 사람의 지혜가 열려 새로운 사상, 문물, 제도 따위를 가지게 됨.

> 제1호 개항기

영남 유생들 집단 상소 운동 전개

영남 유생들, 미국과 수교 움직임에 반발

1881년, 영남 지방의 유생 수만 명이 서명한 대규모 상소문, 일명 '영남 만인소'가 조정에 제출되었다. 조선 정부의 개화 정책 및 미국과의 수교 추진 움직임에 반대한다는 내용이었다.

상소 운동을 이끈 이만손은 "서양 문물을 계속 받아들이고 서양과 외교를 맺게 되면, 조선의 전통 유교 질서가 무너지고 서양의 악한 사상이 나라를 어지럽힐 것"이라고 주장했다.

그는 특히 제2차 수신사로 일본에 다녀온 김홍집이 가져온 외교 도서 『조선책략』의 내용을 강하게 비판하며, 미국과 수교하려는 움직임을 당장 멈춰야 한다고 주장했다.

개항 이후 청은 러시아와 일본을 막기 위해 조선에 미국과 수교하도록 권하고 있었다. 또 『조선책략』에도 러시아를 견제하려면 미국과 힘을 합쳐야 한다는 내용이 담겨 있었다. 이 때문에 조선 조정에서는 미국과의 수교가 추진되고 있었다.

위정척사 운동 전개

영남 유생들의 이러한 저항은 1860년대부터 이어져 온 위정척사 운동의 연장선에 있다. **위정척사는 '바른 도리를 지키고 사악한 것을 물리친다'는 뜻으로, 조선의 유교 질서를 지키고 외국의 종교와 사상을 거부해야 한다는 사상이다.**

1860년대에는 이항로를 중심으로 천주교 확산과 서양의 통상 요구에 반대하는 운동이 일어났고, 1870년대 강화도 조약 체결 시기에는 최익현 등이 일본과 서양은 한통속이라는 '왜양일체론'을 내세워 개항 반대 운동을 벌였다. 이런 움직임이 1880년대에 들어서면서 개화 외교 반대 운동으로 이어진 것이다.

개화 추진은 계속, 미국과 조약 체결 임박

위정척사파의 거센 반대에도 불구하고 조선 정부는 개화파 관리를 중심으로 개화 정책을 계속 이어 나가고 있다. 특히 청이 적극적으로 나서서 조선과 미국의 수교 체결을 위해 돕고 있어, 곧 '조미 수호 통상 조약'이 맺어질 거라는 전망이 조정 안팎에서 나오고 있다.

제 1 호 개항기

청군 개입으로 임오군란 진압

청군 개입, 조선 자주권 흔들

1882년, 구식 군인들의 반란인 임오군란이 청군의 개입으로 진압되었다. 이번 사건은 오랫동안 월급이 밀리고 차별 대우를 받는 것에 불만을 품어 온 구식 군인들이 들고일어나면서 시작됐다.

당시 정부는 신식 군대인 별기군을 창설하여 일본인 교관을 두고 좋은 무기와 장비를 지급했다. 그런 반면에 구식 군인들에게는 낮은 대우를 하자 불만이 크게 쌓인 상태였다. 게다가 13개월 만에 월급으로 받은 쌀에 겨와 모래가 섞여 있자 구식 군인들의 분노가 폭발한 것이다.

화가 난 군인들은 일본 교관 호리모토를 죽이고 일본 공사관에 불을 질렀다. 여기에 주변에 살던 도시 하층민까지 힘을 합쳐 반란은 점점 커졌다. 이들은 궁궐로 몰려가 명성 황후 세력을 몰아내라고 주장하며 궁궐을 차지했고, 명성 황후는 궁녀로 변장해 가까스로 도망친 것으로 전해졌다.

흥선 대원군이 수습 나섰지만 청군 투입으로 마무리

사태가 걷잡을 수 없이 커지자 고종은 아버지 흥선 대원군에게 수습을 맡겼다. 흥선 대원군은 구식 군인들에게 밀린 월급을 주고, 개화 정책을 중단했으며, 명성 황후 측 신하들을 물러나게 하는 등의 조치를 취했다. 하지만 명성 황후가 청에 군사 지원을 요청하면서 상황은 다시 뒤집혔다.

이에 청이 곧바로 군사 3,000여 명을 파견해 반란군을 진압하자, 며칠 만에 사태가 마무리된 것이다. 청은 흥선 대원군이 이번 사건과 관련이 있다고 보고, 그를 강제로 톈진으로 끌고 갔다.

청과 일본, 조선에 영향력 확대

이후 청은 조선에 '조청 상민 수륙 무역 장정'이라는 조약을 체결하여 양화진과 한성을 열고, 청의 상인이 조선에서 자유롭게 활동할 수 있도록 했다. 또 청 관리들이 조선 정부에 들어와 정치와 외교 문제에 간섭하기 시작했다.

한편 일본은 공사관이 습격당한 일을 구실로 '제물포 조약'을 강요해 조선에 배상금을 내게 하고, 일본군이 조선에 머무를 수 있는 권리를 얻었다. 앞으로 청과 일본이 조선에서 영향력을 키우려는 경쟁이 본격적으로 시작될 것으로 보인다.

제 1 호   개항기

강화도 조약 체결로 일어난 나비 효과

강화도 조약으로 나라의 문을 연 조선

"나라의 문이 열리자 외세 침략에 노출돼"

여러분, 거울 앞에 서서 지금 자신의 모습을 한번 살펴보세요. 머리 모양이나 옷차림에서 전통적인 모습이 보이나요? 아마 옛 조상들의 모습과는 많이 다를 거예요. 1800년대 조선 사람들의 사진만 봐도 지금과는 전혀 다른 차림을 하고 있음을 알 수 있습니다. 그렇다면 조선 사람들의 모습은 언제부터 그렇게 바뀌었을까요?

그 출발점은 바로 1876년에 일본과 맺은 강화도 조약입니다. 이 조약을 체결함으로써 조선은 처음으로 국제 질서 속으로 들어가게 되었습니다. 그전까지 조선은 동아시아 전통 외교 질서 속에 있었지만, 강화도 조약을 맺으면서 일본과 서양 나라들과 근대적 외교 관계를 맺는 새로운 길로 나아가게 된 것입니다.

여기에서 중요한 개념이 하나 있습니다. 바로 '개항'입니다. 말 그대로 '항구를 연다'는 뜻이지요. 외국의 배가 우리 항구에 드나들고, 사람과 물건이 오가면서 나라와 나라 사이의 무역이 시작된다는 의미입니다. **조선은 강화도 조약을 맺음으로써 부산, 원산, 인천 항구를 차례로 열어야 했고, 그 과정에서 외국의 문물이 본격적으로 밀려 들어왔습니다.**

큰별 칼럼

　우리 생활에서도 개항의 흔적을 쉽게 찾을 수 있습니다. 예를 들어, 우리가 신는 양말은 '서양 양(洋)'과 '버선 말(襪)', 즉 '서양식 버선'이라는 말입니다. 또 우리가 매일 입는 옷도 대부분 한복이 아닌 서양식 옷이지요. 이렇게 생활 모습이 달라진 출발점이 바로 개항이었습니다.

　하지만 강화도 조약에는 조선에 불리한 조건이 담겨 있었습니다. 일본은 조선 해안을 자유롭게 조사할 수 있는 권리를 얻었고, 일본 군함도 마음대로 우리 바다를 드나들 수 있었습니다. 또 일본인이 조선 땅에서 죄를 지어도 조선 법이 아니라 일본 법으로 재판을 받았습니다. 이른바 '*치외법권'이 인정된 것이지요. 그리고 부속 조약의 내용에 따라 일본 상인은 조선에서 세금을 내지 않고도 장사할 수 있었죠.

치외법권
다른 나라의 땅에 머물면서도 그 나라의 법 대신 자기 나라의 법을 따를 수 있는 권리.

제1호　개항기

　　조선은 이 조약을 시작으로 미국, 러시아, 영국 같은 나라와도 차례로 비슷한 불평등 조약을 맺었습니다. 그들은 조선의 광산을 차지하고, 무역에서 이익을 챙기며, 점점 더 많은 권리를 빼앗아 갔습니다.

　　물론 조선은 개항을 통해 새로운 문물과 제도를 받아들였고 발전할 기회를 얻었지요. 하지만 국제 질서를 잘 알지 못했고 제대로 준비하지 못한 탓에 일본과 서양 여러 나라가 조선의 권리를 빼앗는 발판을 마련해 주고 말았지요.

　　이후 일본은 경제적 이익을 넘어 정치적으로도 영향력을 확대해 나갔고, 끝내 국권을 빼앗고 식민지로 삼았습니다. 당시 조선 사람들은 그런 미래를 전혀 예상하지 못했을 테지요.

　　오늘날에도 우리나라는 외국과 무역 협정, 군사 동맹, 국제 조약 등을 맺습니다. 그러나 국제 조약은 당장의 이익만 보고 결정할 수 있는 문제가 아닙니다. 50년, 100년 뒤 우리의 미래에 어떤 영향을 미칠지까지 생각해야 합니다.

　　'정부가 알아서 하겠지'라며 무관심하다 보면 잘못된 조약의 피해는 결국 우리와 우리 후손에게 돌아옵니다. 그래서 오늘을 사는 우리는 정부가 맺는 조약과 외교 정책에 관심을 가져야 합니다. 이것이 바로 강화도 조약이 우리에게 남긴 가장 큰 교훈입니다.

큰별쌤 최태성의 한국사신문 개항기

제2호 | 근대적 개혁 운동을 펼치다

◆ 갑신정변 ◆ 김옥균 ◆ 동학 농민 운동 ◆ 전봉준 ◆ 전주 화약

1 갑신정변, 3일 천하로 마무리되다
2 〈큰별 인터뷰〉 갑신정변을 이끈 김옥균을 만나다
3 전주 화약 체결, 동학 농민군 해산하다
4 〈큰별 인터뷰〉 동학 농민 운동을 이끈 전봉준을 만나다
5 〈큰별 칼럼〉 과거의 실패가 미래의 성공이 되는 역사

갑신정변
3일 천하로 마무리되다

급진 개화파, 3일 만에 끝난 정변

　1884년, 조선의 자주독립과 근대화를 목표로 급진 개화파가 일으킨 갑신정변이 청군의 개입으로 불과 3일 만에 막을 내렸다. 김옥균, 박영효, 서광범, 홍영식 등 급진 개화파는 "조선이 스스로 나라를 지키려면 청의 간섭에서 벗어나야 한다."라며, 일본의 메이지 유신을 본받아 서양의 기술뿐 아니라 사상과 제도까지 적극적으로 받아들여야 한다고 주장해 왔다.

큰별 기사

일각에서는 김옥균이 일본에서 *차관을 얻는 데 실패하면서 급진 개화파의 힘이 약해지자 일본에게 병력 지원을 약속받고 정변을 일으킨 것이라는 분석도 나온다.

우정총국 개국 축하연에서 정변 시작

갑신정변은 청이 프랑스와의 전쟁을 준비하며 조선에 있던 군인 3,000명 중 절반을 철수시킨 틈을 타 시작되었다.

1884년, 우정총국 개국을 축하하는 자리에서 급진 개화파는 명성 황후 세력을 비롯한 정부의 주요 관리를 공격하고, 곧바로 창덕궁으로 몰려가 고종과 명성 황후를 붙잡았다.

이들은 곧 새 정부인 개화당 정부를 세우고 개혁 *정강을 발표했다. 개혁 정강에는 청에 바치던 조공을 없애고, 능력에 따라 인재를 선발하고, 신분 차별을 없애며, 세금 제도를 고쳐 부정한 관리로부터 백성을 보호하겠다는 등의 내용이 담겨 있었다.

청군 개입으로 3일 만에 실패

그러나 정변의 기세는 오래가지 못했다. 고종과 명성 황후가 청에 도움을 요청하자 청군이 즉시 출동한 것이다. 그러자 도움을 주기로 했던 일본군이 무기력하게 물러나면서 정변은 사흘 만에 실패로 끝났다. 이후 김옥균, 박영효, 서광범, 서재필 등 주요 인물은 일본으로 망명한 것으로 알려졌다.

한 정치 전문가는 "급진 개화파의 시도는 비록 실패로 끝났지만, 그들이 내세운 개혁안에는 조선 사회에 필요한 내용이 포함되어 있었다."라며 "이 사건이 앞으로 조선의 근대화에 어떤 영향을 줄지 주목해야 한다."라고 전했다.

***차관** 나라에서 쓰려고 외국 정부나 공적 기관에서 빌리는 큰돈.
***정강** 이루고자 하는 정책의 큰 줄기.

제 2 호	개항기

갑신정변을 이끈 김옥균을 만나다

급진 개화파가 일으킨 갑신정변으로 조선이 크게 술렁이고 있습니다. 오늘은 그 중심에 있었던 개혁가 김옥균 선생님을 만나 당시의 이야기와 그의 개혁에 담긴 뜻을 들어 보겠습니다.

갑신정변은 청의 간섭에서 벗어나 자주적 근대 국가를 건설하려는 시도였습니다.

 **큰별**: 갑신정변 때 발표한 개혁 정강 중 '신분제 폐지'는 정말 놀라운 변화였습니다. 어떻게 이런 생각을 하시게 되었나요?

 **김옥균**: 저를 포함해 정변을 이끈 사람들은 대부분 양반 집안 출신입니다. 하지만 특권을 지키는 것보다 조선을 바꾸는 일이 더 중요하다고 생각했어요. 그래야 청의 간섭에서 벗어나 스스로 설 수 있는 나라, 자주적으로 독립한

조선이 될 수 있다고 믿었지요. 누구나 능력이 있다면 마땅히 뜻을 펼칠 수 있는 사회가 되어야 나라가 강해질 것이 아니겠습니까?

아쉽게도 갑신정변은 3일 만에 끝나고 말았습니다. 실패한 이유가 무엇이라고 생각하시나요?

가장 큰 이유는 청의 군사 개입이죠. 일본만 믿은 것도 큰 잘못이었습니다. 일본이 도와줄 것이라고 믿었는데, 약속을 저버리고 군대를 철수할 줄은 정말 몰랐습니다. 그 순간 모든 계획이 무너졌습니다. 또 너무 서둘러 일을 진행한 점도 아쉬움으로 남습니다. 시간이 부족하다 보니 백성의 생활과 관련된 개혁, 예를 들어 토지 제도 개혁 같은 부분을 제대로 담지 못했어요. 만약 조금만 더 신중하게 백성을 위한 개혁 내용도 담았다면 결과가 달라졌을지도 모르지요.

개혁이 실패로 끝나긴 했지만, 앞으로 바라는 점이 있다면요?

조선이 진정으로 독립한 나라가 되길 바랍니다. 조선이 청에 의지하는 한 결코 우리 스스로 나라를 지킬 수는 없으니까요. 또 능력에 따라 관직을 가질 수 있는 사회, 법을 기준으로 운영되는 나라를 목표로 해야 합니다. 그럴 때 비로소 조선은 진정한 근대 국가, 즉 스스로 발전하는 새 나라가 될 것입니다. 부디 우리 다음 세대가 이 개혁의 뜻을 이어 꼭 성공해 주길 바랍니다.

갑신정변을 일으킨 급진 개화파들은 자신들이 누려 왔던 특권을 버리고 새로운 조선을 만드는 일에 목숨을 걸었습니다. 비록 그들의 시도는 실패로 끝났지만, 그 열망은 이후 근대 국가를 향한 끊임없는 노력으로 이어졌습니다. 지금까지 큰별 기자였습니다.

제 2 호　개항기

전주 화약 체결 동학 농민군 해산하다

전주성 풍남문
(국가유산청)

동학 농민군, 정부와 전주 화약 체결

1894년, 동학 농민군과 조선 정부가 '전주 화약'을 맺었다. 연이어 관군을 물리치고 전주성을 점령한 농민군이 스스로 무기를 내려놓은 것은 조선에 들어온 청군과 일본군의 철수가 시급하다고 판단했기 때문으로 보인다. 동학 농민군이 이번 봉기를 일으킨 이유는 지배층의 끝없는 수탈 때문이었다.

큰별 기사

끝없는 수탈에 분노한 농민들 봉기

동학 농민 운동은 전라도 고부에서 군수 조병갑의 횡포가 심해지자 전봉준이 분노한 농민들을 이끌고 봉기를 일으킨 것에서 시작되었다. 정부는 사태를 해결하고자 새 군수를 임명하고 이용태를 안핵사로 보냈지만, 그는 오히려 농민들을 동학교도로 몰아 심하게 탄압했다.

이에 전봉준은 전라도에서 동학교도를 이끌던 손화중과 함께 농민군을 조직하고, '폭정을 없애고 백성을 구한다'는 '제폭구민'과 '나라를 돕고 백성을 편안히 한다'는 '보국안민'을 외치며 대규모 봉기를 일으켰다.

동학 농민군은 황토현 전투에서 관군을 물리치고 정읍, 고창, 무장, 함평 등지를 잇따라 점령했다. 이후 정부가 보낸 중앙군도 황룡촌 전투에서 물리치면서 농민군의 기세는 걷잡을 수 없이 커졌고, 마침내 전주성까지 차지하게 되었다.

청과 일본의 개입, 전주 화약 체결

이 소식을 들은 정부는 청에 군사 지원을 요청했다. 청군이 조선으로 들어오자 일본도 톈진 조약을 이유로 군대를 파견했다. 톈진 조약은 갑신정변 종료 이후 청과 일본이 조선에서 군대를 철수하면서, 앞으로 군대를 파견할 때 서로 알리기로 한 조약이었다.

이에 농민군은 조선 땅에서 청과 일본이 싸우는 것을 막기 위해 정부에 화해를 제안했고, 이에 정부가 탐관오리 처벌과 세금 제도 개혁 등 농민군의 요구를 받아들이겠다고 약속하면서 전주 화약이 체결되었다.

화약 체결 후 농민군은 스스로 해산하고, 전라도 곳곳에 집강소를 세워 개혁을 추진하기 시작했다. 정부도 교정청을 설치해 개혁안을 실행할 계획을 밝혀 앞으로 조선 사회가 새로운 변화를 맞을 수 있을지에 관심이 모아지고 있다.

제 2 호　　개항기

동학 농민 운동을 이끈 전봉준을 만나다

동학 농민군은 전주 화약을 체결하며 물러났으나 두 달여 만에 다시 2차 봉기를 일으켰습니다. 이들이 다시 봉기한 이유가 무엇인지 전봉준 장군을 만나 들어 보겠습니다.

큰별

조선 정부와 전주 화약을 맺고 해산했던 농민군이 다시 2차 봉기를 일으킨 이유는 무엇인가요?

전봉준

　1차 봉기 이후 우리는 집강소를 세우고 *폐정 개혁안을 추진하며 새로운 세상을 준비하고 있었습니다. 정부도 개혁을 함께 실행하겠다고 약속했고, 청군과 일본군에게 철수를 요구했죠. 그런데 일본은 이를 따르지 않고 오히

큰별 인터뷰

려 경복궁을 점령해 버렸습니다. 그리고 청일 전쟁을 일으켰죠.

이처럼 나라가 일본에 마구 휘둘리는 상황에서 어찌 가만히 있겠습니까? 우선 나라를 지켜야 우리가 꿈꾸는 세상도 이룰 수 있으니까요. 그래서 다시 봉기를 일으켰습니다.

2차 봉기 때는 더 많은 농민군이 모였다고 들었습니다.

맞습니다. 1차 봉기에는 주로 남접이라 불리는 남쪽 지역의 농민군만 참여했지만, 이번에는 북쪽 지역의 농민군도 함께했습니다. 전국 곳곳에서 모여든 농민군이 수만 명에 이르렀죠. 1차 농민 봉기 때는 불공평한 세상을 고치려는 '반봉건'을 주장했다면, 2차 봉기 때는 나라를 빼앗으려는 일본에 맞서자는 '반외세'를 내세웠죠.

하지만 2차 봉기가 결국 실패로 돌아갔는데요, 당시 상황을 자세히 말씀해 주시겠습니까?

우리는 임금님을 구하고 일본군을 몰아내려고 궁궐로 향했습니다. 그러나 공주 우금치 고개에서 일본군과 조선 정부군이 길을 막고 있었지요. 일본군은 최신식 총과 대포로 무장해 무자비하게 쏘아 댔어요. 우리는 제대로 된 무기도 없이 농기구와 죽창을 들고 맞서 싸워야 했습니다. 수많은 농민군이 총탄에 쓰러졌고, 결국 우금치를 넘지 못하고 크게 패하고 말았습니다.

더 나은 세상을 다음 세대에게 물려주고자 농기구와 죽창을 들었던 동학 농민군. 그들의 희생은 헛되지 않았습니다. 결국 그들이 바란 세상에서 지금 우리가 살고 있으니까요. 지금까지 큰별 기자였습니다.

*__폐정__ 백성을 괴롭히는 부패한 정치나 잘못된 제도.

제 2 호 개항기

과거의 실패가 미래의 성공이 되는 역사

새로운 시대를 원했던 갑신정변과 동학 농민 운동

"계속 실패하는 것 같지만 결국에는 승리한다"

지금 우리가 당연하게 누리는 권리 가운데에는 불과 100여 년 전만 해도 상상조차 할 수 없던 것들이 있습니다. 대표적인 예가 바로 여성의 *참정권입니다.

민주주의가 먼저 자리 잡은 서양에서도 여성이 투표권을 얻은 것은 불과 100년 정도밖에 되지 않았죠. 여성은 남성과 동등한 권리를 얻기 위해 오랫동안 싸워야 했습니다. 영국이 그 대표적인 사례입니다. 19세기 중반부터 본격적으로 여성 참정권 운동이 시작되었고, 에밀리 데이비슨이라는 여성은 1913년 왕실 경마 대회에서 달리는 말 앞으로 뛰어들어 목숨을 던졌습니다. 그의 장례 행렬은 곧 참정권 시위 행렬로 이어졌고, 결국 1928년 영국 의회는 여성에게 남성과 동등한 투표권을 보장하게 됩니다. 우리나라에서는 1948년 5·10 총선거에서 처음으로 여성이 투표에 참여하게 되지요.

이처럼 우리가 누리는 권리와 제도는 결코 저절로 주어진 것이 아닙니다. 수많은 사람의 희생과 끈질긴 싸움이 쌓여 이루어진 결과입니다. 당장은 실패한 것처럼 보여도, 시간이 흐른 뒤에는 결국 승리하는 경우가 많습니다.

참정권
국민이 정치에 직접 또는 간접적으로 참여할 수 있는 권리.

큰별 칼럼

　우리 역사도 마찬가지입니다. 1884년에 급진 개화파가 일으킨 갑신정변에서 그들은 인민 평등권이 보장되어 능력에 따라 관직을 가질 수 있는 사회가 되어야 한다고 주장했습니다. 관직이 기준이 아닌, 능력이 기준이 되는 평등한 사회를 꿈꿨던 것이지요. 당시 사람들에게는 '과연 가능할까?' 싶은 파격적인 생각이었습니다.

　갑신정변은 결국 실패로 끝났고, 이를 주도한 사람들은 대부분 비극적인 최후를 맞았습니다. 하지만 불씨는 꺼지지 않았습니다. 10년이 지난 1894년에는 동학 농민 운동이 일어났습니다. '사람이 곧 하늘'이라는 인내천 사상을 따르는 농민들은 신분의 차이에서 오는 차별과 불평등을 더는 인정할 수 없다고 외쳤습니다. 지배층의 수탈과 탐관오리의 횡포에 시달리던 농민들은 평등한 세상을 요구하며 일어났습니다.

결과는 또다시 패배였습니다. 공주 우금치 전투에서 농민군은 크게 무너졌고, 전봉준을 비롯한 지도자들이 체포되어 처형당했습니다.

이처럼 갑신정변과 동학 농민 운동은 당시에는 모두 실패로 끝났습니다. 그러나 그들의 외침과 희생이 완전히 사라지지는 않았습니다. 같은 해에 단행된 갑오개혁에서 신분제가 공식적으로 폐지되면서 그들이 목숨을 걸고 꿈꾸던 세상은 비로소 현실이 되었습니다.

그리고 오늘날 우리가 평등한 사회에서 각자의 권리를 당당히 주장하며 살아가는 것, 그것이 바로 동학 농민군의 노력과 희생이 결코 헛되지 않았음을 보여 주는 증거입니다. 그들은 역사 속의 패배자가 아니라 진정한 승리자였으니까요.

이 역사의 순간을 기억하며 비록 지금은 실패처럼 보일지라도, 내가 믿고 나아가는 길이 옳은 방향이라면 언젠가는 그 뜻이 결실을 하게 된다는 사실을 꼭 기억하기 바랍니다.

큰별쌤 최태성의 한국사신문   개항기

제3호 낡은 제도를 벗어던지다

◆ 갑오개혁   ◆ 을미사변   ◆ 단발령   ◆ 을미의병   ◆ 아관 파천

1. 갑오개혁 실시, 신분제 폐지되다
2. **〈큰별 인터뷰〉** 갑오개혁에 대한 각계각층의 반응
3. 을미사변과 단발령, 백성의 분노가 폭발하다
4. **〈큰별 인터뷰〉** 을미의병을 이끈 유인석을 만나다
5. 고종, 비밀리에 러시아 공사관으로 대피
6. **〈큰별 칼럼〉** 다른 나라에 의지한 조선이 치러야 할 대가

갑오개혁 실시
신분제 폐지되다

조선, 갑오개혁 실시

    1894년, 조선 정부는 정치·경제·사회 전반에 걸친 갑오개혁을 실시한다고 공식 발표했다.

    청일 전쟁이 일어나자 일본은 김홍집, 어윤중 등을 내세워 새로운 *내각을 구성했고, 새 정부는 군국기무처를 만들어 본격적인 개혁을 추진해 나갔다.

정부 조직부터 세금 제도까지 변화

군국기무처가 발표한 개혁안에 따르면, 앞으로 모든 공문서에는 중국의 연호 대신 조선 건국을 기준으로 하는 '개국 기년'을 사용하고, 정부 조직은 6조 체제에서 8아문 체제로 개편된다. 또 과거 제도가 폐지됨에 따라, 신분이 아니라 능력 중심으로 인재 등용이 이루어질 전망이다.

신분제 폐지, 평등한 사회로 나아가다

가장 큰 변화는 사회 제도에서 나타났다. 신분제와 노비제가 공식적으로 폐지되었으며, 가족이 죄를 함께 받는 연좌제도 금지되었다. 또 어린 나이에 결혼하는 조혼이 금지되고, 과부가 다시 결혼할 수 있도록 허용하는 등 여성의 인권을 보장하는 내용도 포함되어 백성의 삶에 실질적인 변화가 예상된다.

비록 일본의 간섭 속에서 시작된 개혁이기는 하지만, 군국기무처 관리들은 일본의 간섭을 줄이고 갑신정변의 개혁안과 동학 농민군의 요구를 반영하려고 노력했다. 조선이 이번 개혁을 바탕으로 근대 국가로 나아갈 수 있을지에 모두의 관심이 쏠리고 있다.

*__내각__ 나라의 중요한 일을 맡아 다스리는 정부 조직.
*__종주권__ 한 나라가 다른 나라의 일을 마음대로 간섭하거나 지배하는 권력.

청일 전쟁, 일본의 승리로 끝나

★ 큰별 단신

1895년, 청일 전쟁이 일본의 승리로 막을 내렸다. 전쟁이 끝난 뒤 청과 일본은 '시모노세키 조약'을 맺었고, 그 결과 청은 조선에 대한 *종주권을 포기했다. 이로써 조선은 자주독립 국가로 인정받게 되었다. 하지만 정치 전문가들은 "일본이 조선에 대한 영향력을 더욱 키워 나갈 것"이라며 걱정을 드러냈다.

제 3 호   개항기

갑오개혁에 대한 각계각층의 반응

오늘은 정부가 추진한 갑오개혁에 대한 다양한 목소리를 듣기 위해 거리로 나왔습니다. 백성은 이번 개혁 내용을 어떻게 생각하고 있을까요? 한번 들어 보겠습니다.

큰별

개똥 님은 갑오개혁으로 노비 신분을 벗어나게 되셨는데요, 신분제 폐지 소식을 듣고 어떠셨나요?

개똥

대대로 이어져 내려오던 노비 신분을 벗어나다니, 정말 하늘을 나는 것처럼 기뻤습니다. 이제 '개똥' 같은 이름 대신, 양반들처럼 제대로 된 이름을 새로 지어 볼 생각입니다. 그동안 사람답게 대접받지 못한 것도 서러웠지만,

큰별 인터뷰

결혼하면 아이도 노비로 살아야 한다는 생각에 혼인을 미루고 있었죠. 이제는 그런 걱정 없이 평생을 함께할 짝을 찾아 행복하게 살고 싶습니다.

이번에는 어린 자식들을 키우며 홀로 살아가던 김씨 부인입니다. 이번 개혁으로 과부의 *재가가 허용되었는데요, 기분이 어떠신지요?

김씨 부인

남편이 세상을 떠난 뒤 저는 어린 자식들을 홀로 키우며 많은 어려움을 겪었어요. 일자리를 구하기도 힘들어서 삯바느질로 겨우 생활을 이어 갔지요. 만약 새로운 반려자를 만나 다시 가정을 꾸릴 수 있다면, 제 인생에 큰 힘이 될 것 같습니다. 이번 개혁이 여성의 인권을 높이고, 남자가 모든 권력을 쥐던 가부장적인 사회가 바뀌는 계기가 되길 바랍니다.

마지막으로, 나라의 재정을 담당하는 관리에게 들어 보겠습니다. 갑오개혁에서 가장 인상 깊었던 점은 무엇인가요?

관리

무엇보다도 6조가 8아문으로 개편되면서 설치된 탁지아문에서 나라의 돈을 모두 관리하게 된 것이 가장 반갑습니다. 예전에는 여러 관청이 각자 재정을 맡다 보니 낭비도 많고 제대로 관리되지 않았거든요. 또 세금을 오직 화폐로만 걷도록 한 점도 큰 변화입니다. 그동안은 쌀이나 옷감으로 세금을 내서 기준도 제각각이고, 보관하기도 불편했지요. 그런데 이제는 화폐로만 세금을 걷으니 훨씬 편리하고 공평하고 투명하게 운영할 수 있게 되었습니다.

갑오개혁은 비록 일본의 영향 아래 추진된 개혁이었으나, 조선이 근대 국가로 나아가는 첫걸음을 내디뎠다는 사실만큼은 분명합니다. 지금까지 큰별 기자였습니다.

***재가** 남편이 죽은 뒤 여자가 다른 사람과 다시 결혼하는 것.

제3호 개항기

을미사변과 단발령
백성의 분노가 폭발하다

국모를 시해한 것도 모자라 상투까지 자르라고 하다니!

단발령 발표, 들끓는 민심

1895년, 정부가 성인 남성에게 상투를 자르고 서양식의 짧은 머리를 하라는 '단발령'을 내리자 전국이 크게 술렁이고 있다. 정부는 "위생에 이롭고, 일하기 편하게 하기 위함"이라고 설명했지만, 백성은 "머리카락은 부모에게서 받은 것이니 함부로 자를 수 없다."라는 유교적 가치관을 내세우며 강하게 반대하고 있다.

단발령을 시행한 첫날, 조선 고종과 왕태자 순종이 직접 머리카락을 자르며 솔선수

범했으나, 한성뿐 아니라 지방 곳곳에서도 억지로 머리카락을 자르게 하는 일이 벌어지자 백성이 격렬하게 저항하고 있다.

특히 많은 유생에게 존경받는 최익현은 "내 목은 자를 수 있을지언정 머리카락은 자를 수 없다!"라며 단호히 거부한 것으로 전해졌다.

일본의 영향 아래 추진된 을미개혁

단발령은 김홍집 내각이 추진한 '을미개혁'의 주요 정책 중 하나이다. 이번 개혁에는 태양력 사용, '*건양'을 새 연호로 채택, 천연두 예방 주사인 종두법 시행, 근대식 우편 제도 도입, 소학교 설립, 신식 군대 창설 등 근대화를 추구하는 다양한 제도가 포함되었다. 하지만 갑작스러운 변화에 백성은 혼란과 불안을 느끼고 있다.

명성 황후 시해, 분노에 불을 지피다

을미개혁의 배경에는 명성 황후 시해 사건, 즉 '을미사변'이 있었다. 1895년, 일본 공사 미우라 고로가 이끄는 일본군과 자객이 경복궁에 침입해 명성 황후를 시해한 것이다. 황후의 시신을 현장에서 불태웠다는 끔찍한 소식이 퍼지자 일본의 잔혹한 행동에 전국의 백성은 큰 분노를 터뜨렸다.

을미사변으로 반일 감정이 극도로 커진 상황에서 일본이 구성한 김홍집 내각이 단발령까지 강제로 시행하자, 일부 유생과 양반은 의병을 일으켜 일본 세력을 몰아내려는 움직임을 보이고 있다. 을미사변과 단발령을 둘러싼 저항이 점점 거세지는 가운데 정부가 이 사태를 어떻게 수습할지 모두의 관심이 쏠리고 있다.

***건양** '새로움을 열고 양력을 따른다'는 의미로 조선 고종 때 사용한 연호.

| 제 3 호 | 개항기 |

을미의병을 이끈 유인석을 만나다

1895년, 단발령 시행 이후 조선 사회는 큰 혼란에 빠져 있습니다. 을미사변과 단발령으로 백성의 분노가 커지면서 곳곳에서 의병이 일어났는데요, 오늘은 을미의병을 이끈 유인석 의병장을 만나 이야기를 들어 보겠습니다.

큰별

안녕하세요. 요즘 단발령에 반발하는 목소리가 커지고 있다면서요?

유인석

그렇습니다. 조선은 예로부터 유교의 가르침을 소중히 여기는 나라입니다. 유교 경전에는 몸과 머리카락은 부모에게서 물려받은 것이니 함부로 훼손해서는 안 된다고 나와 있지요. 그런데 일본이 머리카락을 짧게 자르라고 하니, 이는 곧 우리 전통과 정신을 짓밟는 일입니다. 그래서 저는 일본에 맞서 싸우고자 의병을 조직했습니다.

단발령 때문에 길거리 분위기가 흉흉해졌다는 소식이 들립니다.

그렇습니다. 사람들은 상투가 잘릴까 봐 두려워서 거리에 나서기를 꺼리지요. 지방 상인들도 한성에 들어오지 않다 보니 물건이 부족해져서 물건값이 크게 올랐습니다. 무엇보다 일본이 임금님의 머리카락을 억지로 자르게 했다는 소식을 듣고 큰 충격을 받았습니다. 국왕조차 일본의 뜻을 거스를 수 없는 세상이라면, 백성의 안전은 누가 지켜 주겠냐는 거죠. 백성의 불안과 분노가 날로 커지고 있습니다.

그래서 의병을 일으키셨군요. 의병장님께서 이끄신 의병의 활동을 조금 더 자세히 설명해 주시겠습니까?

나라가 위태로울 때 유생이 앞장서야 한다는 신념으로 의병을 일으켰지요. 임진왜란과 병자호란 이후 처음 일어난 의병입니다. 우리는 산과 들에 모여 무기를 들고 일본 세력과 그에 협력하는 친일 관리들을 무찔렀습니다. 백성은 의병들에게 쌀 한 줌, 나무 한 짐이라도 내주며 힘을 합쳤습니다. 하지만 임금님께서 단발령을 거두시고, 일본의 뜻에 따라 추진하던 개혁 조치도 중단하셨습니다. 또 각지의 의병에게 싸움을 멈추고 물러나라고 부탁하셨지요. 유생으로서 어찌 임금님의 뜻을 거스를 수 있겠습니까? 그저 명에 따라 각자의 자리로 돌아갔지요.

고종의 말을 듣고 을미의병은 대부분 해산했지만, 외세에 맞서 조선을 지키려는 백성의 의지는 계속되었습니다. 지금까지 큰별 기자였습니다.

제 3 호 개항기

고종, 비밀리에 러시아 공사관으로 대피

고종, 일본의 감시 피해 러시아 공사관으로

1896년, 고종이 세자와 함께 일본의 감시를 피해 러시아 공사관으로 거처를 옮기는 '아관 파천'을 단행했다.

명성 황후가 을미사변으로 목숨을 잃은 뒤 고종은 자신 또한 위험에 처할 수 있다는 위기감을 느끼고 있었다. 결국 더는 안전하지 않다고 판단하고 러시아의 보호를 선택한 것으로 보인다.

*열강의 이권 침탈 가속

아관 파천 이후 러시아는 '임금을 보호한다'는 이유를 내세워 조선의 함경북도 경원과 종성 일대의 금광 채굴권을 요구한 것으로 전해졌다. 하지만 조선이 서양 여러 나라와 맺은 조약에는 '최혜국 대우' 조항이 포함되어 있었다. 이 조항은 조약을 맺은 다른 나라에 유리한 대우를 하면, 그와 같은 혜택을 다른 나라에도 똑같이 적용해야 한다는 내용이다. 이 때문에 독일, 프랑스, 영국, 이탈리아 등도 이 조항을 근거로 각종 이권을 요구할 것으로 보인다.

한 외교 전문가는 "고종께서 일본의 위협에서는 벗어났지만, 그 대가로 여러 이권을 또 다른 나라들에 빼앗기는 결과를 낳았다."라고 지적했다. 그런 반면 다른 전문가는 "러시아를 이용해 일본과 균형을 이루려 한 고종의 판단은 현실적인 선택이었다."라고 평가했다.

과연 아관 파천이 조선의 자주성을 더욱 약화시킬지, 아니면 고종이 이를 토대로 개혁의 기회를 마련할지 지켜봐야 할 것으로 보인다.

*열강 국제 관계에서 강한 권력을 휘두르는 여러 나라.

김홍집, 분노한 군중에 맞아 숨져

★큰별 단신

1896년 내각 총리대신이었던 김홍집이 분노한 군중에게 공격을 받아 숨지는 사건이 일어났다. 명성 황후 시해 사건 이후 일본에 대한 반감이 커진 상황에서 김홍집이 단발령이 포함된 을미개혁을 추진하자 백성은 거세게 반발했다. 이후 아관 파천으로 김홍집이 이끌던 친일 내각이 무너지자, 일본의 편을 든 인물로 지목되면서 군중의 분노가 그에게 표출된 것이다. 결국 김홍집은 광화문 근처에서 군중에게 공격당해 그 자리에서 숨을 거두었다. 정부는 이번 일을 '백성의 분노가 폭발한 비극적 사건'으로 보고, 관련자에 대한 조사에 들어갔다.

제 3 호   개항기

다른 나라에 의지한 조선이 치러야 할 대가

스스로 지키지 못한 나라

"위기를 맞이한 조선"

개항 이후 조선 정부는 어려움이 닥칠 때마다 외국의 힘을 빌렸습니다. 이런 선택은 당장 위기를 넘기는 데에는 도움이 되었을지 모르지만, 결국 더 큰 고통과 이권 침해로 이어졌어요.

1882년에 일어난 임오군란은 구식 군인들이 월급도 제대로 받지 못하고 차별 대우를 겪다가 폭발한 사건입니다. 그러나 조선 정부는 이를 스스로 해결하지 못하고 청에 도움을 요청했지요. 청은 임오군란을 진압해 준 것을 빌미로 조선에 군대를 머물게 하고, '조청 상민 수륙 무역 장정'을 체결하여 정치에 간섭했습니다.

2년 뒤인 1884년에 일어난 갑신정변 때도 사정은 비슷했습니다. 정변을 일으킨 세력을 막으려고 다시 청군이 들어왔고, 이 과정에서 일본군과 충돌했습니다. 결국 청과 일본은 톈진 조약을 체결하여 양국 군대를 철수하고, 앞으로 조선에 군대를 파견할 때는 상대국에 미리 알리기로 했습니다. 그러나 이후 청의 내정 간섭은 더욱 심해졌고, 일본은 갑신정변의 책임을 조선에 떠넘기며 배상금을 요구했습니다.

1894년에 일어난 동학 농민 운동은 신분제 철폐와 개혁을 요구하는 백성의 거대한 외침이었습니다. 하지만 정부는 이 운동을 진압하려고 또다

개항기

1866
- 병인박해
- 제너럴 셔먼호 사건
- **병인양요**

병인양요의 전개
병인박해
↓
프랑스 함대의 강화도 침략
↓
한성근 부대(문수산성), 양헌수 부대(정족산성)의 항전
↓
프랑스군 철수, 외규장각 도서 약탈

1871
- **신미양요**

신미양요의 전개
제너럴 셔먼호 사건(1866)
↓
미국 함대의 강화도 침략
↓
미군이 초지진·덕진진 점령, 어재연 부대(광성보)의 항전
↓
미군 철수

- 척화비 건립

1873
- 최익현의 상소 (흥선 대원군 탄핵과 고종 친정 요구)
- 고종의 친정 시작

1875
- 운요호 사건

1876
- **강화도 조약** 체결
- 제1차 수신사 파견(김기수)

1880
- 제2차 수신사 파견(김홍집)
  → 『**조선책략**』을 들여옴
- **통리기무아문** 설치

1881
- **영남 만인소**
- 일본에 조사 시찰단 파견
- 별기군 창설
- 청에 영선사 파견

1882
- 조미 수호 통상 조약 체결
- **임오군란**

임오군란의 전개
구식 군인 봉기
↓
도시 하층민의 합세, 일본 공사관 습격, 명성 황후 피신
↓
흥선 대원군의 재집권
↓
청군 개입, 흥선 대원군 납치
↓
조청 상민 수륙 무역 장정, 제물포 조약 체결

1884
- **갑신정변**

갑신정변의 전개
급진 개화파가 우정총국 개국 축하연을 이용해 정변을 일으킴
↓
개혁 정강 발표
↓
청군의 개입으로 실패
↓
급진 개화파의 일본 망명
↓
한성 조약(조선-일본), 톈진 조약(청-일본) 체결

1894
- **동학 농민 운동**
- 청일 전쟁 발발
- **갑오개혁**

동학 농민 운동의 전개
고부 농민 봉기
↓
1차 봉기
↓
황토현·황룡촌 전투 승리
↓
전주 화약, 집강소 설치
↓
일본군의 경복궁 점령
↓
2차 봉기
↓
공주 우금치 전투 패배

1895
- 전봉준 처형
- 을미사변, **을미개혁**, 을미의병

1896
- 아관 파천
- 독립신문 창간
- **독립 협회** 설립

1897
- 고종, 경운궁으로 환궁
- '광무' 연호 제정, **대한 제국** 수립
  → 광무개혁 추진
- 독립문 준공

1898
- **만민 공동회** 개최
- 관민 공동회 개최(**헌의 6조** 결의)
- 독립 협회 강제 해산

1899
- 전차 개통(서대문~청량리)
- 경인선 철도 개통

일제 강점기

일제의 국권 침탈

러일 전쟁 발발 (1904)

↓

한일 의정서 (1904)
일본이 한국 내 군사적 요충지 사용권 확보

↓

제1차 한일 협약 (1904)
고문 정치 –
외교 고문(스티븐스),
재정 고문(메가타) 파견

↓

을사늑약 (1905)
대한 제국의 외교권 강탈, 통감부 설치

을사의병
- 고종의 **헤이그 특사** 파견
→ 고종 황제 강제 퇴위 (1907)

정미7조약
(한일 신협약, 1907)
행정 각 부에 일본인 차관 임명, 부속 각서에 따라 대한 제국 군대 해산

정미의병
- 안중근, 이토 히로부미 처단 (1909)

한국 강제 병합 조약 (1910)
대한 제국의 국권 강탈

1910년대 무단 통치

1910
- 회사령 제정

1912
- **조선 태형령** 공포
- 토지 조사령 공포
- 독립 의군부 조직 (임병찬 주도)

1915
- 대한 광복회 조직 (박상진 주도)

1918
- 미국 대통령 윌슨, **민족 자결주의** 등 14개조 평화 원칙 제안

1919
- 2·8 독립 선언 발표
- **3·1 운동**
- 대한민국 임시 정부 수립
- 의열단 조직(김원봉 주도)

1920년대 '문화 통치' (민족 분열 통치)

1920
- **봉오동 전투**(홍범도)
- 물산 장려 운동 시작(평양)
- **청산리 대첩**(김좌진)
- 산미 증식 계획 추진 (~1934)

1926
- 6·10 만세 운동

1927
- **신간회** 결성

1929
- 광주 학생 항일 운동 (신간회 진상 조사단 파견)

1930년대 이후 민족 말살 통치

1931
- 김구, **한인 애국단** 결성

1932
- 이봉창, 도쿄에서 일본 천황 암살 시도
- **윤봉길**, 상하이 훙커우 공원 의거

1938
- 국가 총동원법 공포

1940
- 창씨개명 강요
- 대한민국 임시 정부, 충칭에 정착
- **한국광복군** 창설

1941
- 대한민국 임시 정부, 대일 선전 포고 및 대한민국 건국 강령 발표

8·15 광복 (1945)

큰별 칼럼

시 청군을 불러들였습니다.

이에 톈진 조약에 따라 일본군도 개입했고, 조선 정부의 철수 요구에 응하지 않은 일본군은 오히려 경복궁을 점령해 버렸습니다. 결국 청일 전쟁이 벌어졌고, 전쟁에서 승리한 일본은 조선에 대한 영향력을 더욱 강화했습니다.

1896년에는 고종이 세자와 함께 러시아 공사관으로 피신하는 아관 파천이 일어났습니다. 이는 임금이 나라를 지키기보다는 외국의 힘에 의지한 사건이었고, 그 결과 조선은 러시아에 여러 이권을 내주게 되었습니다. 또 이를 계기로 서양 여러 나라의 이권 침탈이 본격화되었습니다.

51

제 3 호　개항기

조선 말기의 외교는 스스로 문제를 해결하지 못하고 외세에 기댄 선택의 연속이었습니다. 그러나 그 끝에는 언제나 무거운 대가가 뒤따랐습니다. 나라의 이권은 크게 침해되었고, 백성의 삶은 고통 속으로 내몰렸으며, 우리 스스로 개혁할 기회도 잃었습니다.

역사는 분명히 말합니다. 외국의 힘을 빌리면 그 대가를 반드시 치러야 한다는 것을요. 외교는 나라를 살리는 길이어야 하며, 결코 권력을 지키는 피난처로 삼아서는 안 됩니다. 조선 정부가 남긴 교훈은 명확합니다. 외세를 불러들이면 언젠가 반드시 그 '청구서'가 돌아온다는 사실입니다.

큰별쌤 최태성의 한국사신문　　　　　　　　　　　　　　　대한 제국

제 호 | 자주독립 국가를 세우기 위해 노력하다

◆ 독립 협회　◆ 만민 공동회　◆ 대한 제국　◆ 광무개혁　◆ 관민 공동회

1. 독립 협회, 만민 공동회를 개최하다
2. 황제의 나라, 대한 제국을 선포하다
3. 〈큰별 인터뷰〉 고종에게 듣는 광무개혁 이야기
4. 〈큰별 인터뷰〉 관민 공동회, 국민의 목소리를 듣다
5. 경인선 개통, 신식 교통수단 등장
6. 〈큰별 칼럼〉 광장에서 피어난 민중의 정치

제 4 호 　 대한 제국

독립 협회
*만민 공동회를 개최하다

우리나라가 독립국이라는 의미를 담아 독립문을 세웠지요.

독립문 (국가유산청)

독립 협회, 종로에서 만민 공동회 개최

　종로 거리에서 만민 공동회가 열렸다. 수많은 사람이 모여 한목소리로 러시아의 이권 침탈에 반대했다. 최근 러시아에서 한러 은행을 세우고 절영도 지역을 빌려 달라고 요구하는 등 침략 정책을 펼치자, 이에 맞서 독립 협회에서 민중 집회를 개최한 것이다. 사상 유례없는 민중 집회가 열리자 종로는 한껏 달아올랐고, 자리에 모인 사람들은 스스로 나선 연사들의 연설을 듣고 박수와 환호로 지지를 표했다.

서재필, 독립 프로젝트를 벌이다

만민 공동회의 중심에는 서재필이 있었다. 갑신정변을 이끈 인물 중 한 사람인 그는 정변이 실패하자 일본과 미국에서 망명 생활을 하다가 11년 만에 조선으로 돌아왔다. **귀국한 서재필은 백성을 *계몽하고 우리 민족의 독립 의지를 널리 알리고자 독립신문을 만들었다.** 독립신문은 민간에서 처음 발행한 신문으로서 우리 민족의 독립 의지를 널리 알리는 역할을 했다. 이를 위해 외국인도 읽을 수 있도록 신문 한 면을 영어로 발행한 것으로 알려졌다.

또한 예전에 청의 사신을 맞이하던 영은문 자리에 '독립문'을 세워 우리나라가 이제 더는 청의 속국이 아니라 독립국임을 보여 줄 것을 주장했다. 이에 독립문을 건립하기 위한 독립 협회를 조직하고, 전국적으로 모금 운동이 일어나 독립문을 세우기에 이르렀다.

독립 협회, 만민의 목소리를 모으다

독립 협회는 독립문 건립에 성금을 내면 누구나 회원이 될 수 있었기에 다양한 계층이 함께 참여했다. 또 토론회를 열어 백성의 생각을 깨우는 계몽 활동을 펼쳤다. 이런 활동이 큰 호응을 얻으면서 독립 협회는 점점 백성의 의견을 대표하는 단체로 성장했고, 결국 이를 기반으로 우리나라의 국권을 지키기 위해 만민 공동회를 열게 된 것이다.

독립 협회의 한 관계자는 "앞으로 이런 자리를 자주 만들어 백성의 목소리를 듣고 언론·출판·집회의 자유, 재산권 보호, 신체의 자유를 지키도록 노력하겠다."라고 밝혔다. 많은 백성이 독립 협회의 행보에 큰 관심과 기대를 보이고 있다.

***만민** 모든 국민 또는 모든 사람.
***계몽하다** 올바르지 않은 풍습을 그대로 따르거나 지식수준이 낮은 사람을 가르쳐서 깨우치다.

제 4 호 　 대한 제국

황제의 나라 대한 제국을 선포하다

고종, 대한 제국 선포

1897년, 고종이 환구단에서 하늘에 제사를 올리고 황제로 즉위했다. 1년 전 러시아 공사관으로 거처를 옮겼던 고종이 경운궁으로 돌아와 내린 중대한 결정이었다.

고종은 새로운 국호를 '대한'으로 삼았으며, 이는 즉위식 이전에 대신들과 논의를 거쳐 확정한 것으로 알려졌다. 고종이 황제의 자리에 오름으로써 우리나라도 황제가 다스리는 '제국'으로 거듭나게 되었다.

열강의 개입으로 위기를 느낀 고종

1895년, 청일 전쟁에서 일본이 승리하면서 청과 일본은 시모노세키 조약을 체결했고, 이 조약으로 청은 조선을 독립국으로 인정했다. 이렇게 청의 종주권이 사라지자 일본을 비롯해 러시아, 독일, 프랑스 등 여러 나라가 우리나라의 이권을 차지하려고 경쟁적으로 개입하기 시작했다. 고종은 이러한 국제 정세 속에서 조선이 완전한 자주 독립국임을 세계에 명확히 알릴 필요성이 있다고 느낀 것으로 보인다.

대한 제국 수립의 영향과 향후 방향

최근 국내에서는 다양한 개혁안이 추진되고 있다. 갑오개혁과 을미개혁을 거치며 여러 변화가 이루어졌지만, 이를 모두 일본이 주도했다는 비판 여론이 거셌다. 고종의 대한 제국 수립 선포는 이러한 여론을 다른 관심사로 돌리고, 자주적인 개혁 의지를 보여 주려는 시도로 분석된다.

한 관리는 "왕이 러시아 공사관에 머물던 모습이 백성에게 불안감을 주었지만, 이번 황제 즉위식으로 그 불안이 어느 정도 해소될 것으로 보인다."라고 전했다.

정부 차원에서도 대한 제국 선포를 계기로 강력한 개혁을 준비 중인 것으로 알려졌다. 이전 개혁들이 일본이 간섭 속에서 추진되었다는 평가를 받은 만큼, 앞으로 펼쳐질 자주적이고 독립적인 정책에 백성의 기대가 커지고 있다.

제 4 호   대한 제국

고종에게 듣는 광무개혁 이야기

조선을 둘러싼 서양 세력의 이권 다툼이 치열해지는 상황 속에서 대한 제국이 선포되었습니다. 대한 제국 수립 이후 근대적 개혁을 추진하고 있는 고종 황제를 만나 '광무개혁'의 방향에 대해 들어 보겠습니다.

큰별

대한 제국 선포 이후 광무개혁이 추진되었다고 들었습니다. 광무개혁의 방향을 설명해 주시겠습니까?

고종

    대한 제국은 자주독립국으로서 스스로의 힘으로 근대화를 이루겠다는 의지를 세상에 밝힌 것입니다. 청과 일본의 간섭에서 벗어난 지금이야말로 국가의 기틀을 새롭게 세워야 할 때라고 생각했지요. 광무개혁은 옛것을 근

큰별 인터뷰

본으로 하여, 새로운 것을 참조한다는 '구본신참'의 원칙에 따라 추진되었습니다. 특히 나라를 부유하고, 강하게 하기 위해 산업을 발전시키고 교육을 일으키는 것을 중요하게 생각했습니다.

다른 나라의 간섭 없이 대한 제국 스스로 강해지려는 개혁이었군요. 그렇다면 분야별로 어떤 개혁이 추진되었습니까?

먼저 정치적으로는 나라를 제대로 다스리고자 관리 제도를 정비했습니다. 황제가 직접 관리를 임명하고, 부정한 일을 하는 관리가 생기지 않도록 법과 제도를 바르게 세웠습니다.

경제적으로는 나라의 살림을 튼튼하게 만들려고 노력했지요. 새로운 공장과 회사를 세우고, 철도나 전차 운행 등 근대적인 시설도 세웠답니다. 또 백성이 가진 토지를 조사하는 양전 사업을 실시하고, 토지 소유 증명서인 지계를 발급했어요. 이와 함께 은행을 세워 돈을 맡기고 빌릴 수 있게 했지요. 사회적으로는 백성의 생활을 편리하게 만드는 일을 했습니다. 학교를 세워 글을 가르치고, 병원을 세워 아픈 사람을 돌보았지요.

백성을 위해 다양한 정책을 펼치셨군요. 그러나 일부에서는 모든 개혁의 방향이 황제를 중심으로 이루어졌다는 평가도 있습니다.

맞습니다. 나라의 중심이 흔들리지 않아야 백성의 삶도 안정되고, 외세의 간섭을 막을 수 있기 때문이지요. 광무개혁은 '강력한 황제권 아래 자주독립국'을 이루는 개혁입니다. 나라의 기틀을 바로 세워야만, 외국 세력의 압력에도 흔들리지 않는 강한 나라를 만들 수 있다고 믿습니다.

대한 제국은 광무개혁을 통해 나라의 근대화와 자주독립을 이루고자 했습니다. 그러나 개혁이 황제권 강화에 치우치면서 시대적 변화의 흐름과는 어긋나는 한계를 드러냈습니다. 지금까지 큰별 기자였습니다.

| 제 4 호 | 대한 제국 |

관민 공동회, 국민의 목소리를 듣다

1898년 종로에서 관민 공동회가 열렸습니다. 관민 공동회는 독립 협회가 연 집회로서 정부 관리와 국민이 한자리에 모여 자유롭게 토론하는 자리였습니다. 오늘은 그날 연단에 올라 뜨거운 연설로 화제가 된 백정 출신 박성춘 님을 만나 이야기를 들어 보겠습니다.

큰별: 관민 공동회에서 하신 연설이 큰 화제입니다. 어떻게 연단에 오르게 되셨는지 이야기해 주시겠어요?

박성춘: 독립 협회에서는 이전부터 만민 공동회라는 집회를 열어 국민의 의견을 나누는 자리를 마련해 왔습니다. 이번 관민 공동회에는 정부 관리도 함께 참여했는데, 마침 저에게 연설할 기회가 주어져 감히 단상에 올라 제 생각을 직접 말씀드릴 수 있었습니다.

큰별 인터뷰

 **연설을 듣지 못하신 분들을 위해 내용을 간단히 소개해 주신다면요?**

 허허, 부족한 연설이지만 이렇게 요약할 수 있습니다. "저는 비록 신분이 낮고 배우지 못한 사람일지라도 임금께 충성하고 나라를 사랑하는 마음만큼은 누구와도 다르지 않습니다. 나라를 바로 세우려면 관리와 국민이 힘을 합쳐야 합니다. 천막도 장대 한 개만으로는 세울 수 없지만, 장대를 여러 개 사용해서 받치면 튼튼하듯, 우리 모두가 마음을 모아야 합니다."라는 내용을 전했지요.

 **이번에 열린 관민 공동회의 가장 큰 성과는 무엇이라고 보십니까?**

 무엇보다 헌의 6조가 결의된 것이 가장 큰 성과라고 생각합니다. 독립 협회에서 제안한 헌의 6조에 대신들도 동의해 황제 폐하께 올리게 되었으니까요. 국민 앞에서 공개적으로 논의하고 결정된 개혁안이 나라의 정책으로 전달된다는 것은, 이제 국민의 목소리가 나라의 일에 반영된다는 뜻이지요.

 **정말 대단한 성과군요. 그러면 헌의 6조에서 특별히 주목해야 할 부분이 있을까요?**

 저는 중추원의 역할이 가장 중요하다고 생각합니다. 헌의 6조에는 '앞으로 나라의 큰일을 결정할 때 중추원 의장의 서명이 꼭 들어가야 한다'고 규정했습니다. 그런데 이 중추원에는 국민 대표도 함께 참여하게 됩니다. 국민의 뜻이 국정 운영에 반영되는 길이 열린 것이지요. 이것이 바로 새로운 근대 국가로 나아가는 첫걸음이라고 믿습니다.

박성춘 님의 이야기를 들으며 이번 관민 공동회의 의미를 잘 짚어 볼 수 있었습니다. 앞으로도 이런 자리가 많이 만들어져서 국민의 목소리가 정부에 잘 전달되면 좋겠습니다. 지금까지 큰별 기자였습니다.

제 4 호　대한 제국

경인선 개통
신식 교통수단 등장

*화륜거, 한성과 인천을 잇다

1899년, 한성과 인천을 잇는 철도인 경인선이 개통되었다. 이날 인천 제물포에서 출발한 첫 열차가 노량진역에 도착하자 수많은 사람이 모여 너도나도 신기한 듯 기차를 구경했다.

사람들은 "커다란 쇳덩어리가 움직이는 속도가 놀랍다."라며 놀라움을 감추지 못했으며 "기차 소리가 마치 천둥소리 같다."라고 감탄을 쏟아 냈다.

최근에 서대문과 청량리를 오가는 전차가 등장해 사람들에게 새로운 교통수단으로 주목받았는데, 그 감동이 채 가시기도 전에 이번 경인선이 개통되어 우리나라 교통이 한 발짝 더 나아가게 되었다. 또 이를 계기로 전국 주요 지역으로 철도를 넓혀야 한다는 목소리도 커지고 있다.

우리 곁에 찾아온 신식 문물

철도의 개통을 지켜본 많은 이가 놀라움을 감추지 못하고 있는 가운데, 최근 10여 년 사이에 우리 삶을 바꾼 여러 신식 문물이 잇따라 들어왔다. **1885년에는 전신이 처음 설치되었고, 1887년에는 경복궁에 전등이 켜졌으며, 1898년에는 전화가 처음으로 들어왔다.**

이처럼 새로운 문물이 하나둘 자리 잡으며 국민의 일상도 빠르게 변하고 있다. 사람들은 기대와 두려움이 뒤섞인 마음으로 새로운 세상을 맞이하고 있다.

***화륜거** 예전에 기차를 이르던 말.

전차 사고로 어린아이 안타깝게 사망 ★큰별 단신

1899년, 종로에서 다섯 살 난 아이가 전차에 치여 사망하는 사고가 발생했다. 이 소식이 전해지자 분노한 시민들은 전차를 부수고 불을 지르는 등 격렬하게 항의했다. 사건은 곧 조정에 보고되었으며, 고종은 희생자 유가족에게 지원금을 지급하도록 하고, 앞으로 이와 같은 사고가 다시는 일어나지 않도록 대책을 마련하라고 지시한 것으로 알려졌다.

제 4 호　대한 제국

광장에서 피어난 민중의 정치

열강의 침탈을 알린 만민 공동회

"남녀노소 광장에 모여 역사를 바꾸다"

우리 역사에 '시민'이 처음 등장한 때는 언제일까요? 1919년, 상하이에 민주 공화국을 내세운 대한민국 임시 정부가 세워진 날일 수도 있고, 국민이 처음으로 직접 대표를 뽑은 1948년 5월 10일 총선거의 날일 수도 있습니다.

'백성'은 다스림을 받는 사람입니다. 하지만 '시민'은 스스로 나라의 일에 참여하고 책임을 지는 사람이지요. 그런 의미에서 우리 역사 속 '시민'의 시작점은 1898년, 독립 협회가 주도한 만민 공동회였다고 생각합니다.

그 무렵 조선은 서양 열강 사이에서 흔들리고 있었습니다. 청의 영향력이 사라지자 이번에는 일본이 각종 조약을 맺으며 조선의 경제권을 빼앗았습니다. 그리고 아관 파천 이후에는 러시아를 비롯한 열강들이 앞다투어 이권을 차지하려 들었습니다.

고종은 1897년에 대한 제국을 세워 '우리는 스스로 서는 나라'임을 알리고자 했지만, 러시아는 오히려 더 큰 영향력을 행사하며 부산 절영도를 해군 기지로 빌려 달라고 요구했습니다. 결국 정부는 그 압박을 견디지 못하고 허락하려는 움직임을 보였습니다.

그때 독립 협회가 나섰습니다. 나라의 권리를 지키고 외세의 간섭을 막

큰별 칼럼

을 목적으로 종로 거리에서 만민 공동회를 열었습니다. 그날 종로에는 무려 1만 명이 넘는 사람이 모였습니다. "러시아의 간섭을 물리치자!", "우리의 힘으로 자주독립을 이루자!"라고 외치는 목소리가 거리 곳곳에서 울려 퍼졌습니다.

만민 공동회에서는 누구나 연단에 올라 자신의 생각을 말할 수 있었습니다. 신분도, 나이도, 남녀 성별도 구별하지 않았습니다. 학생이 대신 앞에서 의견을 말했고, 상인이나 백정, 부인, 나무꾼, 심지어 거지도 함께했습니다.

사람들은 장작불을 피워 놓고 밤새 토론을 이어 가며 나라의 앞날을 걱정했습니다. "러시아 고문관과 군대는 조선에서 물러가라!"라는 외침에 군중은 박수와 환호로 응답했습니다.

며칠 뒤 러시아는 절영도를 빌리려던 계획을 거두어들였습니다. 민중의 힘으로 외세의 요구를 막아 낸 것입니다.

그날, '백성'은 처음으로 '시민'이 되었습니다. 사람들은 비로소 깨달았습니다. 이제 자신들도 나라의 일에 관심을 가지고 참여할 권리가 있다는 것을요.

물론 그 열기는 오래가지 못했습니다. 정부는 시민의 목소리가 커지자 황국 협회를 내세워 만민 공동회를 강제로 해산시켰습니다. 하지만 시민의 가슴속에서 그날의 뜨거운 경험은 사라지지 않았습니다.

그 자리에 있었던 열아홉 살 학생 장웅진은 훗날 이렇게 말했습니다. "천 년 넘게 관리 앞에서 고개도 들지 못하던 백성이, 학생의 입으로 대신을 꾸짖고 군중의 박수를 받은 그날, 가슴이 벅차오르고 피가 끓었다."라고 말이지요.

그날의 종로에는 신분도, 계급도 없었습니다. 모두가 나라의 주인이 되어 한마음으로 외쳤습니다. **그 불씨는 꺼지지 않았습니다. 이후 그 정신은 3·1 운동, 6·10 만세 운동, 광주 학생 항일 운동으로 이어졌고, 광복 이후에는 4·19 혁명, 5·18 민주화 운동, 6월 항쟁으로 타올랐습니다.**

1898년 만민 공동회에서 시작된 그 불빛은, 오늘날 우리의 광장에서 촛불과 응원봉, 현수막으로 다시 타오르고 있습니다.

큰별쌤 최태성의 한국사신문   대한 제국

제5호
국권을 지키기 위해 노력하다

◆ 을사늑약   ◆ 정미의병   ◆ 안중근   ◆ 신민회   ◆ 국채 보상 운동

1. 을사늑약 체결, 대한 제국 외교권 상실
2. 정미의병 전국 확산, 해산 군인 대거 합류
3. 〈큰별 인터뷰〉 안중근, 일본을 향해 방아쇠를 당기다
4. 신민회, 독립운동 기지 건설 본격화
5. 〈큰별 인터뷰〉 국채 보상 운동의 확산을 이끈 양기탁을 만나다
6. 〈큰별 칼럼〉 을사오적의 이름을 기억하다

제 5호 대한 제국

을사늑약 체결
대한 제국 외교관 상실

일본, 본격적으로 대한 제국 국권 빼앗아

　1905년, 일본이 군대를 앞세워 강제로 '을사늑약(제2차 한일 협약)'을 체결했다. 앞서 1904년, 러일 전쟁을 일으킨 일본은 한성에 군대를 머물게 하고, '한일 의정서'를 강요하여 우리나라의 영토를 군사 기지로 사용할 권리를 얻었다.

　이후 러시아와의 전쟁에서 유리해진 일본은 '제1차 한일 협약'을 강요해 재정 고문으로 일본인 메가타를, 외교 고문으로 미국인 스티븐스를 파견하며 본격적으로 한국

큰별 기사

의 정치에 간섭하기 시작했다. 또 미국과는 '가쓰라·태프트 밀약'을 맺고, 영국과는 '제2차 영일 동맹'을 맺어 한국 지배를 승인받았고, 러일 전쟁에서 승리하며 러시아로부터도 한국에 대한 독점적 권리를 인정받았다. 이처럼 열강으로부터 한국에 대한 지배권을 얻어 낸 일본은 곧바로 한국을 *보호국으로 만들기 위해 조약 체결을 강요한 것이다.

무력으로 강요된 조약 체결

일본은 이토 히로부미를 특사로 보내 궁궐과 주요 관청을 포위한 뒤, 고종 황제를 찾아가 조약에 서명하라고 압박했다. 고종이 이를 거부하자 덕수궁 중명전에서 대신들을 모아 회의를 열고는 서명을 강요했다. 일부 대신이 반대하자, 이토 히로부미는 찬성하는 대신만 다시 불러 조약을 강제로 통과시킨 것이다.

이날 서명한 다섯 사람은 학부대신 이완용, 농상공부대신 권중현, 외부대신 박제순, 군부대신 이근택, 내부대신 이지용이다. 이들은 국민들로부터 '을사오적'이라 불리며 '나라를 팔아넘긴 매국노'라는 비난을 받고 있다.

커져 가는 을사늑약 반대 움직임

을사늑약으로 한국은 일본에 외교권을 빼앗기게 되었다. 또한 한국의 정치를 관리, 감독하는 기구인 통감부가 설치될 예정이며 초대 통감에는 이토 히로부미가 임명될 것으로 보인다.

한편, 을사늑약에 반대하는 움직임이 전국으로 퍼지고 있다. 조약 파기를 주장하는 상소가 빗발치고 있으며, 조약에 반대하는 시위가 전국 각지에서 일어나고 있다. 민영환과 조병세는 조약의 불법성에 항의하며 스스로 목숨을 끊어 국민들에게 큰 충격과 슬픔을 안겼다.

***보호국** 다른 나라의 보호 아래에 있는 국가.

제 5 호   대한 제국

정미의병 전국 확산 해산 군인 대거 합류

정미의병, 해산 군인 합세하며 전국 확산

    1907년, 일본이 고종을 강제로 퇴위시키고 군대를 해산하자 의병 투쟁이 전국적으로 확산되고 있다. 고종이 을사늑약의 부당함을 알리고자 네덜란드 헤이그에서 열린 만국 평화 회의에 이준, 이상설, 이위종을 특사로 파견하자 일본은 이를 빌미로 고종을 황제 자리에서 강제로 끌어내린 것이다.

    곧이어 일본은 '정미7조약(한일 신협약)'을 체결하여 통감의 권한을 강화하고 각 부서의 차관 자리에 일본인을 두고, 한국 군대를 강제로 해산시켰다.

군대 해산 명령이 내려지자 군 내부는 큰 충격에 휩싸였다. 특히 대대장 박승환이 이에 항의하며 스스로 목숨을 끊자, 분노한 군인들이 잇따라 의병에 가담하면서 전국적으로 항일 의병 투쟁이 확산된 것이다.

13도 창의군 결성, 서울 진공 작전 준비

해산 군인이 합류하자 의병 부대의 전투력이 강화되었고, 의병 투쟁도 한층 치열해지고 있다. 현재 전국의 의병 세력이 힘을 모아 '13도 창의군'을 결성했으며, 이들은 각국 공사관에 격문을 보내 "우리는 나라를 지키는 정당한 군대이니 국제법상 교전 단체로 인정해 달라."라고 요구한 것으로 알려졌다.

의병 연합군은 일본군을 몰아내는 '서울 진공 작전'을 계획하고 있는 것으로 보인다. 나라를 되찾기 위한 의병들의 결의가 그 어느 때보다 뜨겁게 불타오르고 있다.

일본, '남한 대토벌 작전' 만행

★큰별 단신

13도 연합 의병 부대의 서울 진공 작전이 일본군의 공격으로 실패한 뒤에도 호남 지역 의병들이 끈질기게 싸움을 이어 가자 일본은 이른바 '남한 대토벌 작전'을 벌이고 있다. 일본군은 의병의 근거지가 될 만한 마을을 불태우고, 주민을 무차별적으로 학살하는 등 잔혹한 만행을 저질렀다. 현재 의병들은 일본군의 탄압을 피해 만주와 연해주로 이동하고 있는 것으로 알려졌다. 한 의병은 "만주로 가서도 그곳의 동포들과 힘을 모아 항일 투쟁을 계속 이어 가겠다."라며 굳은 의지를 밝혔다.

제 5 호　　대한 제국

안중근, 일본을 향해 방아쇠를 당기다

　　을사늑약 체결 이후 이에 반대하는 의열 투쟁이 일어나고 있습니다. 그중 가장 대표적인 사건이 안중근 의사의 이토 히로부미 처단 의거인데요, 오늘은 안중근 의사를 모시고 이야기를 들어 보겠습니다.

큰별

이토 히로부미를 처단하는 의거를 계획하신 배경은 무엇입니까?

안중근

　　1905년에 을사늑약이 체결되면서 일본에 외교권을 빼앗겼습니다. 일본은 통감부를 설치하고 정치를 이끌었지요. 그 초대 통감이 바로 이토 히로부미입니다. 저는 한국의 의병 대장으로서 나라의 자주독립을 방해하는 그를 반드시 제거해야 한다고 생각했습니다.

저는 비밀리에 동지 11명과 단지 동맹을 결성하고 왼손 넷째 손가락 끝마디를 잘라 태극기에 "대한 독립"이라고 피로 쓰며 맹세했습니다. 우리의 의거는 단순히 개인적인 복수가 아니라, 일본의 침략이 부당함을 세계에 알리려는 결단이었습니다.

이토 히로부미를 제거하는 일이 쉽지는 않았을 텐데, 어떻게 기회를 잡으셨습니까?

1909년, 일본의 만주 진출을 논의하기 위해 이토 히로부미가 하얼빈을 방문한다는 소식을 들었습니다. 저는 하늘이 주신 기회라고 생각했고, 동지들과 함께 철저히 준비했습니다. 저는 하얼빈 역에서 이토 히로부미를 권총으로 저격하는 데 성공했지요. 비록 방아쇠를 당긴 것은 저였지만, 그 의거는 결코 혼자의 힘으로 이룬 일이 아니었습니다. 많은 동지들의 희생과 노력이 모여 얻은 결과였죠. 저는 현장에서 체포되어 뤼순 감옥에 수감되었습니다. 감옥에서는 『동양평화론』을 집필했지요.

감옥에서 집필하신 『동양평화론』은 어떤 내용입니까?

아시아가 하나로 뭉쳐 서로 존중하고 협력해야 한다는 내용을 담았습니다. 일본이 조선에 이어 중국까지 지배하는 모습은 옳지 않으니까요. 한국, 중국, 일본 세 나라가 협력해 서양 열강의 침략에 함께 맞서야 합니다. 또 세 나라가 상호 주권을 존중하며 평화적 관계를 맺어야 한다는 내용을 담았습니다.

얼마 후 안중근 의사는 사형을 선고받았고, 그가 집필하던 『동양평화론』은 끝내 완성되지 못했습니다. 안중근 의사는 "대한 독립의 소리가 천국에 들려오면 나는 마땅히 춤추며 만세를 부를 것이다."라는 말을 남길 정도로 독립을 간절히 소망했습니다. 지금까지 큰별 기자였습니다.

제 5 호　대한 제국

신민회, 독립운동 기지 건설 본격화

신민회, 만주에 독립운동 기지 건설 추진

　신민회가 만주 삼원보 지역에 독립운동 기지를 세우고, 무관 학교 설립을 추진하고 있는 것으로 알려졌다.

　새로 세워질 무관 학교는 단순한 군사 교육 기관이 아니라, 앞으로 일본과 벌일 독립 전쟁을 준비하는 독립군 양성소가 될 전망이다.

계몽 운동에서 무장 투쟁으로

신민회는 1907년 안창호, 양기탁 등이 주도해 결성한 비밀 단체로, 한국인의 의식을 깨우치고, 산업을 일으켜 나라의 힘을 기르는 애국 계몽 운동을 펼쳐 왔다.

이들은 평양에 대성 학교, 정주에 오산 학교를 설립하여 인재 양성에 힘쓰고, 서적의 출판과 보급을 위한 태극 서관을 운영했다. 또한 자기 제조 회사인 자기 회사를 통해 민족 사업을 키우고자 노력했다.

그러나 일본이 한국의 국권을 빼앗으려는 움직임을 본격화하자 신민회는 이러한 실력 양성 운동만으로는 독립을 이룰 수 없다고 판단했다. 이에 만주 지역에 독립운동 기지를 세우고, 독립군을 길러 낼 무관 학교를 세우는 것에 힘을 기울이기 시작한 것이다.

일본의 탄압을 피해 많은 의병과 민족 지도자들이 만주로 이동하는 가운데, 신민회의 독립운동 기지 건설은 이들을 한데 모으는 중요한 역할을 할 것으로 보인다.

★큰별 단신

이회영 일가, 전 재산 팔아 독립운동 준비

이회영 선생을 비롯한 이씨 가문의 여섯 형제가 조국의 독립을 위해 전 재산을 팔아 만주로 나설 준비를 하고 있어 큰 감동을 주고 있다. 그들은 집안의 땅과 가옥을 모두 정리해 얻은 자금을 독립운동에 바치고, 만주 삼원보 일대에 신흥 강습소를 세워 젊은이들에게 군사 훈련과 교육을 실시할 계획이다. 독립운동가들의 이러한 용기와 결단은 국권을 빼앗긴 어둠 속에서도 꺼지지 않는 불씨로 남아, 앞으로 펼쳐질 독립 전쟁의 든든한 밑거름이 될 전망이다.

| 제 5 호 | 대한 제국 |

국채 보상 운동의 확산을 이끈 양기탁을 만나다

 1907년, 일본에 진 나랏빚을 갚아 국권을 지키자는 국채 보상 운동이 일어났습니다. 오늘은 이 운동이 전국적으로 확산하는 데 큰 역할을 한 양기탁 선생님을 만나 이야기를 들어 보겠습니다.

큰별

국채 보상 운동이 일어난 배경은 무엇인가요?

양기탁

 을사늑약을 체결할 즈음 일본은 우리나라의 경제까지 점점 장악해 나갔어요. 화폐 정리나 토목 공사 같은 명목으로 막대한 차관을 도입하도록 강요했지요.

그러다 보니 빚이 눈덩이처럼 불어나서 결국 1,300만 원에 이르게 되었습니다. 일본이 우리를 도우려고 돈을 빌려준 게 아니었어요. 우리나라가 빚을 갚지 못하게 만들어서 아예 우리나라의 재정을 자기들 손아귀에 넣겠다는 의도였던 겁니다.

일본이 우리의 재정까지 장악하려는 의도였군요. 국채 보상 운동은 어떻게 시작되었나요?

대구에서 김광제, 서상돈 등이 국민 성금으로 나랏빚을 갚자는 국채 보상 운동을 시작했습니다. 그들은 대한매일신보에 "2,000만 국민이 힘을 모아 국채를 갚아 나라를 구하자."라는 글을 싣고 모금 운동을 호소했습니다. 이 글이 큰 울림을 주면서 국채 보상 운동이 전국으로 번져 나갔지요. 남자들은 술과 담배를 끊고, 여자들은 비녀와 가락지를 팔아 돈을 모으고 있습니다. 농민, 상인, 학생, 국외 동포까지 모두 '나라를 지키자'는 마음으로 힘을 보태고 있지요.

언론도 큰 역할을 했다고 들었습니다. 일본의 방해는 없었나요?

대한매일신보를 비롯한 여러 신문이 이 운동을 널리 알리며 전국적인 참여를 이끌었습니다. 당연히 일본은 가만있지 않았습니다. 저에게 모금액을 빼돌렸다는 억지 혐의를 씌워 체포했지요. 결국 재판에서 무죄 판결을 받았지만, 일본의 방해는 지금도 멈추지 않고 있습니다.

국채 보상 운동은 나라가 위기에 처했을 때 남녀노소, 계층과 직업을 가리지 않고 온 국민이 뜻을 모아 일어난 대표적인 민족 운동으로, '국민이 스스로 나라를 지킨다'는 의식을 일깨운 뜻깊은 역사적 사건이었습니다. 지금까지 큰별 기자였습니다.

제 5 호 　 대한 제국

을사오적의 이름을 기억하다

역사에 기록되는 이름의 무게

"선택의 순간 정의를 향해야 한다"

　부모님은 우리가 태어났을 때 어떤 마음으로 이름을 지어 주셨을까요? 아마 세상을 밝게 비추는 사람으로 자라길 바라며, 오랫동안 고민 끝에 이름을 정하셨을 거예요. 이처럼 이름에는 부모님의 사랑과 기대가 담겨 있습니다.

　하지만 어떤 이름은 언제나 좋은 뜻으로만 기억되지는 않습니다. '이완용'이라는 이름을 들어 본 적 있나요? 그는 나라를 일본에 팔아넘긴 을사오적 중 한 사람입니다. 일본이 대한 제국의 외교권을 빼앗은 을사늑약, 나라의 살림을 간섭한 정미7조약(한일 신협약), 그리고 조선을 완전히 빼앗은 한국 강제 병합 조약까지 이 모두에 이완용은 깊이 관련되어 있습니다.

　그는 그 대가로 일본에서 높은 자리와 많은 재산을 받았지요. 결국 이완용의 이름은 '매국노', 즉 나라를 판 사람으로 남았습니다. 이완용은 자신의 이름이 이렇게 오래도록 욕먹는 이름이 될 줄 알았을까요? 아마 상상도 못 했을 겁니다.

　이와 비슷한 상황이 고려 시대에도 있었습니다. 거란이 쳐들어오자 고려의 성종은 신하들을 모아 대책을 논의했습니다. 그 자리에서 "거란에 일부 땅을 내어 주자"라는 의견이 나오자, 서희가 단호히 말했지요. "싸워

큰별 칼럼

보지도 않고 적에게 땅을 내어준다면, 그것은 역사에 치욕으로 남을 것입니다."

서희는 직접 거란 장수 소손녕을 만나겠다고 나섰습니다. 그리고 담판 끝에 전쟁 없이 거란군을 물러나게 하고, 오히려 강동 6주를 얻는 놀라운 성과를 거두었습니다.

나라가 위태로운 순간에 자신의 안전과 이익보다 나라를 먼저 생각한 서희의 이름은 오늘날까지 지혜롭고 용감한 인물로 기억되고 있습니다.

이완용과 서희, 두 사람의 이름이 주는 느낌은 완전히 다릅니다. 한 사람은 나라를 팔아 욕을 먹고, 한 사람은 나라를 지켜 존경을 받습니다.

제 5 호 대한 제국

이 결정적인 차이는 단 한 번의 선택에서 비롯되었습니다.

역사 속 인물들처럼, 우리 역시 언젠가 중요한 선택의 순간을 맞이하게 될 것입니다. 그때 내가 내리는 결정이 부끄러운 선택으로 남을지, 아니면 자랑스러운 선택으로 기억될지는 스스로 깊이 생각해야 합니다.

부모님이 사랑과 기대를 담아 지어 주신 이름이 100년 뒤에도 자랑스럽게 불리길 바란다면, 우리는 자연스럽게 올바른 선택을 하게 될 것입니다. 이름의 진정한 의미는 결국 내가 살아가는 삶의 모습으로 완성된다는 사실을 꼭 기억하세요.

큰별쌤 최태성의 한국사신문 　　　　　　　　　　　일제 강점기

제6호 일제의 무단 통치에 맞서다

◆ 무단 통치　◆ 조선 태형령　◆ 토지 조사 사업　◆ 독립 의군부　◆ 대한 광복회

1. 조선 태형령 실시, 무단 통치 강화
2. 토지 조사 사업, 농민 피해 확산
3. 〈큰별 인터뷰〉 항일 비밀 결사를 이끈 인물들을 만나다
4. 〈큰별 칼럼〉 꿈은 동사여야 한다

제6호 　일제 강점기

조선 태형령 실시
무단 통치 강화

조선 총독부, 식민 통치 강화

1910년, *일제가 '한국 강제 병합 조약'으로 우리나라의 국권을 강제로 빼앗은 뒤 조선 총독부를 세워 강압적인 무단 통치를 실시하고 있다. 군대 소속인 헌병이 민간의 *치안까지 맡으면서, 단순한 범죄 예방뿐 아니라 세금 징수, 언론 통제, 위생 점검 등 일반 행정 업무까지 맡고 있다. 사실상 막대한 권한을 부여받은 헌병이 주민을 직접 통치하고 있는 셈이다.

조선 태형령 공포

심지어 1912년에는 조선 태형령을 공포했다. 태형은 죄를 지은 사람의 몸을 매로 때리는 형벌로, 갑오개혁 때 사라졌던 제도이다. 일제는 이를 부활시켜 한국인에게만 적용하도록 한 것이다.

경성의 한 주민은 "집 주변이 깨끗하지 않다는 이유로 헌병에게 끌려가 태형 20대를 맞았다."라며 억울함을 호소했다. 또 다른 주민은 마을 뒷산에서 나무를 해 왔는데, 그 땅이 총독부 소유라는 이유로 태형을 당하기도 했다.

또한 헌병 경찰은 '즉결 처분권'을 통해 한국인에 대한 통제를 한층 강화하고 있다. *구류나 태형, 3개월 이하의 징역 등에 해당하는 범죄는 정식 재판 없이 헌병이 직접 처벌할 수 있는데 그 건수는 날이 갈수록 늘고 있는 상황이다.

언론과 교육의 자유마저 빼앗겨

교육과 언론의 자유도 사라졌다. 일본인 교사들은 제복을 입고 칼을 찬 채 교단에 섰으며, 학생들이 떠들면 칼을 뽑아 위협하기도 했다. 또한 한국인이 발행하는 거의 모든 신문을 없애고, 집회를 열거나 단체가 모이는 일도 철저히 금지시켰다.

전문가들은 "이처럼 강압적으로 통치하는 이유는 우리 민족의 독립 의지를 꺾기 위한 것"이라며 "앞으로 탄압이 더 심하게 이어질 수 있다."라고 우려하고 있다.

***일제** '일본 제국주의'를 줄인 말로, 이익을 위해 주변 나라를 침략한 일본을 가리키는 말.
***치안** 국가와 사회의 질서를 유지함.
***구류** 죄인을 30일 미만의 기간 동안 교도소나 경찰서 유치장에 가두는 형벌.

제 6 호 　 일제 강점기

토지 조사 사업 농민 피해 확산

토지 조사 사업, 농민의 땅 빼앗다

　1912년, 조선 총독부는 "세금을 공정하게 걷고 근대적인 토지 제도를 만들겠다."라고 주장하며 전국적으로 토지 조사 사업을 실시했다.

　하지만 많은 농민이 복잡한 절차와 까다로운 서류 요건을 준비하지 못해 자신이 직접 농사짓던 땅의 소유권을 잃고 있는 상황이다. 또 일제의 정책에 대한 반발감으로 신고하지 않은 경우도 많은 것으로 알려졌다.

또한 지주의 법적 소유권만 인정되고, 오랜 세월 이어져 온 농민들의 경작권은 인정되지 않았다. 그 결과 많은 소작농이 농사지을 땅을 잃게 되었고, 생계를 이어가기 어려운 처지에 놓였다. 높은 소작료를 감당하지 못한 일부 농민들은 *화전민으로 전락하거나, 만주와 연해주 등지로 떠나 새로운 삶을 찾아 나서고 있다.

신고하지 않은 땅, 모두 조선 총독부 소유로

일제는 대한 제국 황실 소유지와 함께 기한 안에 신고하지 않은 토지나, 주인이 불분명한 땅을 모두 조선 총독부의 소유지로 삼거나 동양 척식 주식회사에 넘겼다. 동양 척식 주식회사는 이렇게 확보한 땅을 일본인 이주민에게 싼값에 팔고 있는 것으로 알려졌다.

경제 전문가들은 "토지 조사 사업의 진짜 목적은 세금을 늘려 식민 지배에 필요한 재정을 확보하고, 일본인 지주를 늘리려는 것"이라고 분석했다. 이에 따라 앞으로 일제의 경제적 수탈이 더욱 심각해질 것으로 전망된다.

*화전민 산에 불을 질러 밭을 일구고 농사짓는 사람.

회사령으로 한국 기업 활동 위축

조선 총독부가 회사령을 시행하면서 한국 기업의 활동이 어려워지고 있다. 회사령은 기업을 세울 때 조선 총독부의 허가를 받아야 한다는 법이다. 이에 따라 전기·철도·금융 등 주요 산업은 일본인에게만 허가해 주고, 한국인에게는 주로 작은 규모의 제조업이나 매매업만 허용되고 있다. 전문가들은 "회사령이 단순히 회사를 관리하는 제도가 아니라 일제가 조선 경제를 장악하는 식민 통치 수단"이라며 비판하고 있다.

제 6 호 　 일제 강점기

항일 비밀 결사를 이끈 인물들을 만나다

우리의 국권을 강제로 빼앗은 일제는 독립운동에 대한 탄압을 강화합니다. 이에 독립운동가들은 비밀리에 단체를 조직해 항일 운동을 이어 갔습니다. 오늘은 대표적인 항일 비밀 결사인 '독립 의군부'의 임병찬 선생님과 '대한 광복회'의 박상진 선생님을 만나 보겠습니다.

일제의 감시가 심하니 비밀리에 행동해야 합니다.

큰별

안녕하세요. 일제의 감시가 살벌하다고 들었습니다. 이런 억압 속에서 어떤 방식으로 독립운동을 이어 가고 있으신가요?

임병찬

　일제가 독립운동에 대한 탄압을 강화하자 독립운동가들은 만주와 연해주 등지로 이동하여 독립운동 기지를 건설했습니다. 독립군을 훈련시켜 독립 전쟁을 준비할 목적에서였죠. 국내에서는 일제의 감시를 피해 항일 단체가 비밀리에 활동했습니다.

큰별 인터뷰

일제의 감시가 심해 매우 은밀하게 활동하셨겠어요. 임병찬 선생님께서 이끄신 독립 의군부는 어떤 단체인가요?

독립 의군부는 1912년 고종 황제의 비밀 지령을 받아 조직된 단체입니다. 나라를 되찾아 고종을 다시 황제로 올리겠다는 목표로 의병 전쟁을 준비했지요. 일제에 빼앗긴 국권을 돌려달라는 요구서를 보내려고 계획하기도 했습니다.

독립 의군부 외에도 활동한 항일 비밀 결사가 있었나요?

네, 제가 중심이 되어 결성한 대한 광복회는 1915년 대구에서 시작된 단체입니다. 왕이 다스리는 나라가 아니라, 국민이 주인이 되어 다스리는 공화정 수립을 목표로 의병 출신과 계몽 운동을 하던 이들이 힘을 모아 만든 조직이지요.

그렇군요. 구체적으로 대한 광복회는 어떤 활동을 했는지 말씀해 주시겠습니까?

저희는 군대식 조직을 갖추고 군자금을 모아 만주에 무관 학교를 세우려고 계획했습니다. 또 친일파를 처단하는 활동도 벌였지요. 독립운동 자금을 마련하려고 일제가 운반하는 세금 마차나 금광 운송 마차를 습격하기도 했지요. 친일파의 재산을 압수해 독립운동 자금으로 썼습니다.

독립 의군부와 대한 광복회는 결국 일제에 조직이 드러나 해체되었지만 독립을 향한 희망의 불씨는 끝내 꺼지지 않았습니다. 독립운동가들은 포기하지 않고 또 다른 방법을 찾아 끊임없이 항일 투쟁을 이어 나갔습니다. 지금까지 큰별 기자였습니다.

제 6 호   일제 강점기

꿈은 동사여야 한다

같은 판사였지만 그 끝은 달랐던 사람들

"무엇이 되는지보다 어떻게 살아가는지가 중요하다"

여러분의 꿈은 무엇인가요? 우리는 꿈을 말할 때 흔히 아이돌, 과학자, 유튜버, 운동선수처럼 직업 이름으로 답하곤 합니다. 대다수 학생에게 꿈은 곧 직업이지요. 직업의 이름을 말하지 않더라도 '출세'나 '성공'처럼 결과를 뜻하는 말로 표현하곤 합니다. 그렇다 보니 막상 꿈을 이루고 나서는 그다음에 무엇을 해야 할지 몰라 방황하는 경우가 많습니다.

이런 일이 생기는 이유는 그들의 꿈이 '명사'였기 때문입니다. '무엇이 되느냐'만 중요했을 뿐 '어떻게 살아가느냐'를 고민하지 않았던 것이죠. **역사를 돌아보면 '명사의 꿈'에 머문 사람과 '동사의 꿈'을 살아 낸 사람의 차이는 분명합니다.**

1905년, 을사늑약에 찬성하여 대한 제국의 외교권을 일본에 넘긴 을사오적 이완용, 이지용, 이근택, 박제순, 권중현은 그 시대 최고의 엘리트였습니다. 오늘날로 치면 교육부, 행정안전부, 국방부, 외교부, 농림축산식품부, 산업통상자원부 장관을 지낸 사람들이죠. 게다가 모두 법관 출신이었습니다.

아마도 그들의 꿈은 '성공한 사람', '권력을 가진 사람'이 되는 것이었을 테지요. 그러나 그들이 선택한 성공은 결국 나라를 팔아넘기는 일이었고,

큰별 칼럼

그 대가는 우리 민족에게 커다란 고통으로 돌아왔습니다.

반면에 같은 법관 출신이지만 전혀 다른 길을 걸어간 인물이 있습니다. 바로 독립운동가 박상진입니다. 그는 판사 시험에 합격했지만, 나라를 일본에 빼앗기자 주저하지 않고 사표를 냈습니다. 법정에서 판사가 되어 일한다는 것은 일제에 저항한 독립운동가들에게 징역과 사형을 선고해야 한다는 것을 의미하기 때문입니다.

박상진은 이를 받아들일 수 없었습니다. 그래서 그는 결심합니다. "이제 내가 앉을 자리는 판사의 자리가 아니라 판사의 맞은편 *피고인석이다."라고 말이지요.

박상진은 '명사의 꿈'이 아닌 '동사의 꿈'을 꾸었습니다. 그의 목표는 그저 '판사'라는 직업을 얻는 것이 아니라, '억울하게 피해를 입은 사람을 돕고 정의를 실천하는 삶을 사는 것'이었습니다.

피고인
죄를 지었다고 의심받아 재판을 받는 사람.

89

그래서 그는 진정한 꿈을 이루고자 판사라는 안정된 직업을 과감히 버리고, 비록 고난이 따를지라도 독립운동가의 길을 택했습니다.

이후 그는 쌀가게를 운영하며 독립군의 연락망을 만들고, 자금을 모아 대한 광복회를 조직했습니다. 친일파를 처단하고 독립군을 키우는 일에 온 힘을 쏟았지요. 결국 그는 경찰에 체포되어 피고인석에 앉게 되었고, 사형을 선고받았습니다. 그러나 그의 죽음은 수많은 청년의 가슴에 불을 지폈고, 그 불꽃은 광복의 길로 이어졌습니다.

진정한 꿈이란 '무엇이 되느냐'가 아니라 '어떻게 살아가느냐'에 있습니다. 스스로 생각하지 않으면 남이 정해 준 가치관에 휩쓸려 그저 '명사의 꿈'만 좇게 됩니다. 돈과 명예가 행복을 가져다줄 수도 있지만, 그보다 더 깊은 행복은 누군가에게 도움이 되는 존재로 살아갈 때 찾아옵니다.

박상진의 삶은 우리에게 '동사의 꿈'이란 무엇인가를 보여 줍니다. 그는 자신의 꿈에서 삶의 의미를 찾았고, 더 나은 세상을 만드는 데 기여했습니다. 그런 '동사의 꿈'을 꾸는 사람이 많아질수록 사회는 더욱 건강해질 것입니다.

지금 내 꿈이 '명사'에 머물러 있다면, 이제 스스로에게 물어야 할 때입니다. '나는 내가 가진 직업으로 다른 사람들에게 어떤 도움을 줄 것인가?'라고 말이지요. 질문을 던지는 순간, 우리는 비로소 진짜 꿈을 향해 나아가게 될 것입니다.

큰별쌤 최태성의 한국사신문
일제 강점기

제7호 3·1 운동과 대한민국 임시 정부 탄생

◆ 3·1 운동 ◆ 유관순 ◆ 대한민국 임시 정부 ◆ 안창호

1. 전국으로 번지는 '대한 독립 만세' 함성
2. 〈큰별 인터뷰〉 목 놓아 독립을 외친 유관순을 만나다
3. 대한민국 임시 정부 수립, 독립운동 새 전환점
4. 〈큰별 인터뷰〉 대한민국 임시 정부의 안창호를 만나다
5. 〈큰별 칼럼〉 '제국'에서 '민국'으로

제 7 호　일제 강점기

전국으로 번지는 '대한 독립 만세' 함성

탑골 공원 팔각정
(국가유산청)

탑골 공원에서 시작된 만세 함성, 전국으로 퍼지다

　1919년 3월 1일, 경성의 탑골 공원에서 울려 퍼진 '대한 독립 만세' 함성이 전국을 뒤덮고 있다. 비슷한 시간 평양, 의주, 원산 등지에서도 만세 시위가 일어난 것으로 알려졌다.

　이번 만세 운동은 미국 대통령 윌슨이 파리 강화 회의에서 주장한 민족 자결주의와, 지난 2월 일본 도쿄에서 한국 유학생들이 발표한 '2·8 독립 선언'의 영향이 크게 작용했다. 여기에 고종의 갑작스러운 죽음이 일제에 의한 독살 때문이라는 소문이 돌면서 우리 민족의 분노가 폭발한 것이다. 이에 종교계 지도자들과 학생 대표들은 고종의 장례식에 맞춰 대규모 만세 시위를 일으키기로 정한 것으로 알려졌다.

민족 대표들은 탑골 공원에서 독립 선언서를 발표하려고 계획했으나, 시위가 과격해질 것을 우려해 인사동 태화관에 모여 독립을 선언하고 만세삼창을 외친 뒤 경찰에 스스로 체포되었다. 탑골 공원에 모인 학생과 시민들은 직접 독립 선언서를 낭독하고 거리로 나가 "대한 독립 만세!"를 외치며 평화 시위를 이어 갔다.

전국 각지로 번진 만세 시위

시위는 순식간에 전국으로 퍼졌다. 학교에는 휴교령이 내려졌고, 학생들은 고향으로 돌아가 만세 운동 소식을 전했다. 지방에서는 장날을 중심으로 수많은 군중이 모여 대한 독립을 외치고 있다. 전국적인 만세 시위에 당황한 일제는 경찰과 군대를 동원해 무력으로 진압에 나섰지만 시위의 열기는 좀처럼 식지 않고 있다.

한편 3·1 운동은 국외로도 확산하고 있다. 만주와 연해주뿐 아니라 미국 지역의 동포도 조국의 독립을 지지하며 만세 시위를 펼치고 있다. 전문가들은 이번 시위를 계기로 한국인의 자주독립 의지가 세계에 널리 알려질 것으로 내다보고 있다.

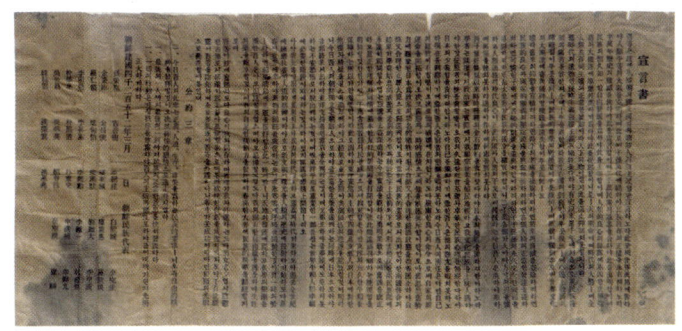

3·1 독립 선언서
(한국학중앙연구원)

제 7 호　　일제 강점기

목 놓아 독립을 외친 유관순을 만나다

　3·1 운동의 열기는 전국 곳곳으로 퍼져 나갔습니다. 이화 학당을 다니던 유관순 열사 역시 고향인 천안으로 내려가 만세 시위를 주도했습니다. 오늘은 유관순 열사를 만나 그날의 이야기를 들어 보겠습니다.

큰별

안녕하세요. 먼저 자기소개를 부탁드립니다.

유관순

　안녕하세요. 저는 유관순이라고 합니다. 이화 학당에 다니다가 1919년 3월 1일, 나라의 독립을 외치는 만세 시위에 참여했습니다. 그 뒤 일제가 휴교령을 내려 학교 문이 닫히자 고향인 천안으로 내려갔고, 그곳에서 다시 만세 운동을 준비했습니다.

큰별 인터뷰

 **정말 대단한 일을 계획하셨습니다. 고향에서 만세 시위를 준비하게 된 이유를 말씀해 주시겠습니까?**

 저는 학교에서 배운 지식과 용기를 고향 사람들과 나누고 싶었어요. 그래서 아우내 장터에서 만세 시위를 열기로 했습니다. 1919년 4월 1일, 수천 명에 이르는 사람이 모였고, 저는 태극기를 높이 들고 "대한 독립 만세!"를 목청껏 외쳤습니다. 하지만 군인과 경찰이 시위대를 거칠게 막았어요. 그 자리에서 제 부모님도 돌아가셨고, 저는 붙잡혀 끌려갔습니다.

 **열여덟 살 나이에 부모님을 잃고 정말 힘드셨을 텐데, 재판을 받을 때도 끝까지 굴하지 않았다고 들었습니다.**

 그렇습니다. 법정에 서 있는 동안 하나도 두렵지 않았습니다. 일제가 우리나라를 빼앗은 것이 잘못됐다고 말했고, 아우내 만세 시위는 정당한 독립운동이라고 주장했습니다. 저는 일본인 재판관을 향해 "나는 대한의 사람이니 일제의 재판을 받을 이유도, 너희가 나를 벌할 권리도 없다."라고 외치며 끝까지 저항했습니다.

 **재판장에서도 우리의 독립 의지를 전하셨군요. 감옥 안에서도 만세 운동을 전개하셨다고요?**

 1920년 3월 1일은 3·1 운동 1주년이 되는 날이었어요. 감옥 안에서 함께 투쟁하던 동지들과 함께 만세 운동을 벌였습니다. 3,000명이 넘는 *수감자가 함께했죠. 이 일로 저와 여러 독립운동가가 심한 고문을 당했습니다.

유관순 열사는 모진 고문 끝에 결국 감옥 안에서 *순국하고 맙니다. 열여덟 살 소녀가 보여 준 당당한 외침은 오늘날에도 큰 울림을 줍니다. 지금까지 큰별 기자였습니다.

***수감자** 교도소에 갇혀 있는 사람.
***순국하다** 나라를 위하여 목숨을 바치다.

제 7 호 　 일제 강점기

대한민국 임시 정부 수립 독립운동 새 전환점

상하이 대한민국 임시 정부 청사 (국사 편찬 위원회)

3·1 운동의 열기, 대한민국 임시 정부 수립으로 이어져

1919년, 중국 상하이에 대한민국 임시 정부가 세워졌다. 이번 임시 정부 수립은 전국으로 번진 3·1 운동의 직접적인 결과로 평가된다.

3·1 운동 이후 독립운동을 하나로 이끌 지도부가 필요해지면서 국내외에 여러 임시 정부가 세워졌다. 연해주에는 대한 국민 의회가, 상하이에는 대한민국 임시 정부가 수립되었으며, 국내에도 한성 정부가 만들어졌다.

이들 임시 정부는 곧바로 흩어진 힘을 하나로 모으기 위해 통합 논의를 진행했고, 외교 활동에 유리한 상하이에 청사를 두어 통합된 대한민국 임시 정부를 수립했다. 임시 대통령에는 외교 활동으로 국제적 명성을 얻은 이승만, 국무총리에는 무장 투쟁을 이끌던 이동휘가 선출되었다.

국민이 주인이 된 민주 공화국 선포

대한민국 임시 정부는 임시 헌장을 선포해 '나라의 주권은 국민에게 있다'고 밝혔다. 왕조 국가가 아닌, 국민이 나라의 주인이 되는 민주 공화국의 출발을 알린 것이다. 또 임시 정부는 삼권 분립 원칙에 따라 입법 기관인 임시 의정원, 행정 기관인 국무원, 사법 기관인 법원으로 정부를 구성했다.

독립운동 자금과 조직 비밀리에 구축

대한민국 임시 정부는 독립운동 자금을 마련하는 데에도 힘을 쏟고 있다. 중국 단둥에는 무역 회사로 위장한 이륭양행을 세워 자금을 모으고, 부산에는 상점 형태로 백산상회를 운영해 독립운동 자금을 조달하고 있다.

또 전국에 연락망을 두는 연통제와 정보를 전달하는 교통국을 운영하며 조직적으로 독립운동의 기반을 다지고 있다.

대한민국 임시 정부가 수립되었다는 소식이 전해지자 상하이로 향하는 독립운동가가 늘어나고 있으며, 여러 독립운동 단체도 임시 정부와 협력하려고 계획 중이다. 전문가들은 이번 임시 정부 수립이 국내외 독립운동 세력을 하나로 묶는 전환점이 될 것으로 내다보고 있다.

제 7 호　일제 강점기

대한민국 임시 정부의 안창호를 만나다

1919년, 대한민국 임시 정부가 수립되었습니다. 오늘은 임시 정부의 내무 총장을 맡고 계신 안창호 선생님을 만나 이야기를 나눠 보겠습니다.

임시 정부의 목표는 완전한 독립을 이루는 것입니다.

큰 별

안녕하세요, 바쁘신데 시간 내 주셔서 감사합니다. 대한민국 임시 정부가 세워지기 전에는 어떤 활동을 하셨나요?

안창호

　저는 일찍이 나라의 힘을 키우려면 민족의 실력을 기르는 것이 가장 중요하다고 생각했습니다. 젊은 시절에는 독립 협회에서 활동하며 국민 계몽 운동에 힘썼고, 이후 미국으로 건너가 동포들에게 교육의 필요성을 알렸습니다. 귀국한 뒤에는 신민회를 세워 민족의 실력을 기르고 독립운동의 기반을 다졌습니다. 또 평양에 대성 학교를 세워 인재를 키우는 일에도 앞장섰지요. 그러다 일제의 탄압으로 신민회가 해체되자 다시 미국으로 건너가 흥사단을 세우고 한인 사회를 하나로 모았습니다. 그리고 3·1 운동 이후에는 임시 정부를 세우려고 상하이로 향했습니다.

독립을 위해 정말 많은 활동을 하셨군요. 대한민국 임시 정부의 내무 총장으로서 맡은 역할은 무엇입니까?

내무 총장은 임시 정부의 행정을 총괄하는 자리입니다. 취임 후에는 임시 정부의 조직 체계를 정비하는 데 힘을 쏟았습니다. 국내외 연락망을 유지하는 비밀 행정 조직인 연통제를 관리하며 독립운동 자금을 모았고, 정보를 신속히 전달할 수 있는 체계를 만들었지요. 아울러 국내외에서 벌어지는 독립운동의 상황을 파악하며, 각지의 독립운동가들이 하나로 힘을 모을 수 있도록 노력했습니다.

대한민국 임시 정부의 주요 활동에는 어떤 것들이 있었습니까?

임시 정부는 미국에 구미 위원부를 세워 외교 활동을 벌이고 있습니다. 각종 국제회의에 대표를 보내 서양 열강으로부터 지지를 얻기 위한 외교 활동에 힘을 쏟고 있죠. 또, 만주의 독립군 단체를 군무부 아래에 편성하여 무장 투쟁을 준비하고 있으며, 독립신문을 발행해 국내외 동포들에게 독립운동 소식을 전하고 있습니다.

대한민국 임시 정부는 여러 독립운동 세력이 모인 조직이기에 의견 차이로 갈등이 생기기도 했습니다. 그러나 안창호 선생님은 이러한 분열 속에서도 서로를 이해시키고 통합을 이루고자 끊임없이 애썼습니다. 임시 정부의 중심을 바로 세우고자 헌신한 그의 노력은, 독립운동의 큰 기둥이 되어 주었습니다. 지금까지 큰별 기자였습니다.

| 제 7 호 | 일제 강점기 |

'제국'에서 '민국'으로

황제의 나라에서 국민의 나라가 되다

"지금 대한민국의 출발점은 3·1 운동"

「대한민국헌법」의 전문은 이렇게 시작합니다.

> "유구한 역사와 전통에 빛나는 우리 대한국민은
> 3·1운동으로 건립된 대한민국임시정부의 법통과
> 불의에 항거한 4·19민주이념을 계승하고……."

이 짧은 문장 속에 대한민국의 시작이 어디인지가 담겨 있습니다. 바로 1919년 3월 1일, 온 국민이 하나 되어 외쳤던 '대한 독립 만세'의 날, 그리고 그 정신을 이어 세워진 대한민국 임시 정부에서 지금의 대한민국이 이어지고 있는 것입니다. **다시 말해, 대한민국의 뿌리는 1919년에 일어난 3·1 운동에서 찾을 수 있는 것이죠.**

3·1 운동 이전에는 황제가 다스리는 대한 제국이었습니다. 그전에는 조선이었지요. 나라의 주인은 왕이나 황제였고, 백성은 그 아래에서 보호받는 존재였습니다.

큰별 칼럼

하지만 나라를 빼앗기고 식민 통치가 시작되면서 우리 민족은 일제의 탄압 속에서 살아야만 했습니다.

그런 절망 속에서 1919년 3월 1일, 전국 곳곳에서 200만 명이 넘는 사람들이 거리로 나와 "대한 독립 만세!"를 외쳤습니다.

남녀노소를 가리지 않았습니다. 학생, 상인, 농민까지 모두가 함께 목이 터져라 외쳤습니다. 비록 일제는 총칼을 들이대며 막으려 했지만, 그들의 눈빛에는 두려움이 아니라 독립을 향한 열망과 희망이 깃들어 있었습니다.

| 제 7 호 | 일제 강점기 |

 두 달여 동안 이어진 만세 함성 속에서 우리 민족은 깨달았습니다. **바로 나라를 지키는 힘은 임금이 아니라 국민에게 있다는 사실이었죠. 이 깨달음은 독립의 외침을 넘어, '백성'이 '국민'으로 거듭나는 역사적인 전환점이 되었습니다.**

 3·1 운동의 정신은 곧 대한민국 임시 정부 수립으로 이어졌습니다. 「대한민국 임시 헌장」 제1조에는 "대한민국은 민주 공화제로 한다."라고 쓰여 있습니다. 이 문장에서 '대한민국'이라는 국호가 탄생한 것이지요. '대한 제국'에서 황제를 뜻하는 '제(帝)'가 사라지고, 국민을 뜻하는 '민(民)'이 들어선 것입니다. 또한 입법·행정·사법 기관이 분리된, 우리 역사상 최초의 삼권 분립에 기초한 민주 공화제 정부가 수립되었습니다.

 3·1 운동은 단순히 일제의 지배에 맞선 독립운동이 아니었습니다. 그날의 함성 속에서 우리 민족은 나라의 주인이 누구인지를 깨달았고, 그 정신 위에 오늘의 대한민국이 세워졌습니다.

 그리고 그날의 외침, "대한독립 만세!"의 함성은 국민이 나라의 주인이 되는 대한민국의 시작을 알린 외침으로, 100년이 지난 지금도 여전히 우리의 가슴속에 울려 퍼지고 있습니다.

큰별쌤 최태성의 한국사신문 | 일제 강점기

제호

다양한 민족 운동을 전개하다

◆ '문화 통치' ◆ 산미 증식 계획 ◆ 청산리 대첩 ◆ 의열단 ◆ 물산 장려 운동 ◆ 광주 학생 항일 운동

1. '문화 통치' 내세운 일제, 독립운동 탄압
2. 청산리 대첩 승리, 일본군 격퇴
3. 〈큰별 인터뷰〉 김원봉, 의열단의 길을 말하다
4. 〈큰별 광고〉 우리가 만든 것 우리가 쓰자!
5. 광주 학생 항일 운동, 전국으로 확산
6. 〈큰별 칼럼〉 학생, 역사를 움직인 주역이 되다

제8호 일제 강점기

'문화 통치' 내세운 일제 독립운동 탄압

치안 유지법으로 독립운동 탄압 강화

일제가 1925년 제정된 치안 유지법을 앞세워 독립운동에 대한 탄압을 강화하면서, 우리 민족의 분노가 커지고 있다. 이 법은 일제의 국가 체제나 사유 재산 제도를 부정하는 자를 처벌한다는 목적으로 만들어졌지만, 실제로는 사회주의 운동뿐 아니라 농민·노동 운동, 나아가 항일 민족 운동 전체를 통제하는 수단으로 악용되고 있다.

'문화 통치'로 포장된 식민 통치

3·1 운동을 통해 우리 민족의 단합된 힘을 실감한 일제는 강압적인 무단 통치의 한계를 깨닫고, 식민 지배 방식을 이른바 '문화 통치'로 바꾸었다. 이에 따라 문관 출신 총독의 임명이 가능해지고, 헌병 경찰제가 보통 경찰제로 바뀌었으며, 교사가 제복을 착용하던 것과 조선 태형령도 폐지되었다. 또 언론·출판·집회·결사의 자유가 부분적으로 허용되어 조선일보와 동아일보가 창간되는 등 변화의 모습도 나타났다.

그러나 이러한 변화는 겉모습에 불과했다. 문관 총독은 단 한 차례도 임명되지 않았고, 경찰의 수는 오히려 크게 늘어났다. 또한 한국인이 발행한 신문들을 검열하여 기사를 삭제하거나, 발행을 중지시키는 일도 많았다. 여기에 일제는 치안 유지법을 앞세워 식민 지배에 대한 저항을 철저히 차단하고 있다.

한 민족 운동가는 "일제가 내세운 '문화 통치'의 실상은 교묘한 방식으로 친일파를 키우고 항일 운동을 가혹하게 탄압하는 민족 분열 정책이다."라고 비판했다.

산미 증식 계획, 수탈 본격화

한편 일제는 산미 증식 계획을 통해 경제적 수탈 또한 강화하고 있다. 겉으로는 "쌀 생산량을 늘려 조선의 농업을 발전시키겠다."라고 내세웠지만, 실제 목적은 일본 내 식량 부족 문제를 해결하기 위한 것이었다. 쌀 생산량은 늘었지만, 늘어난 양보다 더 많은 쌀이 일본으로 실려 가고 있다. 게다가 비룟값, 종자 개량비 같은 각종 비용이 모두 농민에게 떠넘겨져 농민들의 생활은 오히려 더 어려워졌다. 결국 살길을 찾아 만주나 연해주 등지로 떠나는 농민들이 빠르게 늘고 있다.

이처럼 일제는 '문화 통치'라는 가면을 쓰고 한국인에 대한 억압과 수탈을 더욱 강화하고 있다. 결국 이는 우리 민족의 불만을 달래고, 분열을 일으켜 독립운동을 억누르려는 기만정책에 불과하다는 사실이 드러나고 있다.

| 제 8 호 | 일제 강점기 |

청산리 대첩 승리 일본군 격퇴

청산리 대첩, 만주에 울린 승리의 함성

1920년, 김좌진이 이끄는 북로 군정서군과 여러 독립군 연합 부대가 만주 청산리 일대에서 일본군을 크게 물리쳤다. 병력과 무기가 불리한 상황에서 독립군은 험준한 산악 지형을 활용해 치열한 전투를 벌였고, 연달아 일본군을 물리치며 우리 민족의 항일 의지를 세계에 드러냈다.

독립군의 첫 번째 승리, 봉오동 전투

당시 일제의 가혹한 식민 통치와 탄압을 피해 수많은 한국인이 만주와 연해주로 이주했다. 이곳에서 민족 지도자들은 자치 조직을 세우고 독립군을 양성했으며, 학교를 세워 민족 교육과 독립운동의 기반을 다졌다.

특히 1919년 3·1 운동 이후 '싸워서 독립을 쟁취하자'는 무장 투쟁의 목소리가 높아지면서, 만주와 연해주 일대를 중심으로 여러 무장 독립군 부대가 잇따라 결성되었다.

독립군은 국경을 넘어 일제 경찰과 군대를 잇달아 공격했고, 이에 일제는 대규모 병력을 이끌고 두만강을 넘어 독립군 토벌 작전을 벌였다. 그러나 홍범도가 이끄는 대한 독립군을 비롯한 연합 부대가 함경북도 봉오동 계곡으로 일본군을 유인해 대승을 거둔 것이다.

청산리 대첩, 독립 전쟁 최대의 승리

봉오동 전투에서 패배한 일본군은 복수를 위해 같은 해 10월, 대규모 병력을 이끌고 만주 일대의 독립군 *토벌 작전에 나섰다. 이에 맞서 김좌진의 북로 군정서군, 홍범도의 대한 독립군, 안무의 국민회군 등 여러 부대가 힘을 합쳐 일본군에 맞섰다.

독립군은 일본군의 움직임을 미리 파악한 뒤 숨어서 기다리다가, 일본군이 접근하면 기습 공격을 가하는 전술을 사용했다. 백운평, 어랑촌, 천수평, 완루구 등지에서 치열한 전투가 이어졌으며, 독립군은 10여 차례 싸움 끝에 일본군을 크게 격파해 독립 전쟁 역사상 최대의 승리를 거두었다.

봉오동 전투와 청산리 대첩의 승리로 독립군의 사기는 한층 높아졌으며, 무장 독립 투쟁은 더욱 활발해질 것으로 보인다. 이 소식을 전해 들은 우리 민족은 독립에 대한 의지와 희망을 다시금 굳게 다지고 있다.

*토벌 무력으로 쳐서 없앰.

| 제 8 호 | 일제 강점기 |

김원봉, 의열단의 길을 말하다

의열단의 활약으로 일제가 두려움에 벌벌 떨고 있습니다. 오늘은 일제 강점기의 대표적인 의열 투쟁 단체인 의열단의 김원봉 단장님을 만나 이야기를 들어 보겠습니다.

큰별

안녕하세요, 의열단을 조직하신 이유는 무엇인가요?

김원봉

당시 무장 투쟁의 필요성이 커지고 있었지만, 독립군은 운영에 많은 비용이 들고 활동 근거지를 마련하는 것도 어려웠죠. 그래서 '적은 인원으로 큰 효과를 낼 수 있는 방법이 뭘까?' 고민하다가, 1919년 만주에서 의열 투쟁 단체인 의열단을 조직하게 되었습니다.

큰별 인터뷰

그렇군요. 의열단은 주로 어떤 활동을 했습니까?

의열단은 일제의 통치 기관인 조선 총독부와 경제 수탈 기관인 동양 척식 주식회사 같은 곳을 파괴하고, 조선 침략의 핵심 인물을 처단하는 것을 목표로 삼았습니다. 이를 실행하고자 직접 폭탄을 제조하는 방법을 배웠지요. 그리고 서울, 경성, 밀양을 거점으로 삼아 무기를 들여오기 위해 치밀하게 준비했습니다.

의열단 활동이 일제를 두렵게 했다고 들었습니다. 어떤 의거가 있었나요?

가장 널리 알려진 사건이 1926년에 일어난 나석주 의거입니다. 그는 총과 폭탄을 들고 명동의 식산 은행으로 들어가 폭탄을 던졌으나, 폭발하지 않았습니다. 이어 동양 척식 주식회사 금고에도 폭탄을 던졌지만, 역시 터지지 않았습니다. 을지로 일대에서 일제 경찰과 치열한 총격전을 벌인 끝에 스스로 목숨을 끊으며 순국했지요.

이 밖에도 1921년 김익상이 조선 총독부 청사에 폭탄을 던졌고, 1923년에는 김상옥이 종로 경찰서에, 1924년에는 김지섭이 일본 도쿄 궁성에 폭탄을 던지는 의거가 있었습니다. 이런 의열단 활동은 일제에 큰 충격과 공포심을 안겼고, 그 결과 저에게는 막대한 현상금이 걸리기도 했습니다.

목숨을 걸고 조국의 독립을 위해 싸운 의열단원들의 용기와 희생은 일제의 억압 속에 고통받던 우리 민족에게 독립의 희망을 심어 주었습니다. 지금까지 큰별 기자였습니다.

큰별 광고

우리가 만든 것
우리가 쓰자!

의식주는 우리 생활에
꼭 필요하며 모든 산업의 기초입니다.
이 산업이 파괴되어
우리에게 남은 것이 없으면,
사람다운 생활을 하지 못합니다.
우리가 쓰는 물건을 지킵시다!

조선 물산 장려회 지침

① 남자는 두루마기, 여자는 염색한 무명 치마를 입는다.

② 음식은 소금, 설탕, 과일, 청량음료를 제외하고 전부 국산을 이용한다.

③ 날마다 쓰는 물건은 국산을 사용하고, 부득이 외국품을 사용하면 최대한 절약한다.

1920년대 들어 일제 상품이 마구 들어오고 있습니다.
국산품을 애용하여 우리 민족의 산업을 발전시킵시다!
위의 지침을 꼭 정독하시어 우리의 물건을 꼭 지킵시다!

– 조선 물산 장려회 일동

조선 물산 장려회 서울 회관
(위키피디아)

조선 물산 장려회보 제1권
(독립기념관)

제 8 호　일제 강점기

광주 학생 항일 운동
전국으로 확산

일제의 차별에 분노한 학생들, 만세 시위 벌여

　1929년, 광주에서 일제의 차별에 맞선 한국인 학생들의 시위가 전국으로 퍼지고 있다. 이번 사건은 광주와 나주를 오가는 열차 안에서 일본인 남학생들이 한국인 여학생을 희롱하면서 시작됐다.

　일본 남학생들이 한국인 여학생의 댕기 머리를 잡아당기며 놀리자, 이를 본 한국인 남학생들이 항의했고, 그 과정에서 몸싸움이 벌어진 것이다.

그런데 출동한 일제 경찰이 일본인 학생들을 감싸고, 한국인 학생들에게만 가혹한 벌을 내리자 광주 지역 학생들의 분노가 폭발했다. 광주 지역 학생들은 거리로 나와 "독립 만세!", "식민지 차별 교육 철폐!"를 외치며 시위를 벌였다. 광주에서 시작된 시위는 삽시간에 전국으로 퍼져 나갔다.

신간회의 지원, 전국적 항일 운동으로 확대

광주에서 시작된 학생 시위가 전국적인 항일 운동으로 확대된 배경에는 신간회의 적극적인 지원이 있었다. 신간회는 1927년 비타협적 민족주의 세력과 사회주의 세력이 연합하여 이념 차이를 넘어 민족 운동의 힘을 하나로 모으기 위해 만든 단체이다.

광주에서 사건이 발생하자 신간회는 즉각 진상 조사단을 파견하고 이를 전국적인 항일 운동으로 확대하려는 움직임을 보였다. 신간회의 호소에 시민과 노동 단체가 동참하면서 시위는 빠르게 전국으로 번졌고, 여러 지역에서 항일 시위와 동맹 휴교가 이어지고 있다.

학생들의 용기 있는 외침은 일제의 식민 통치에 맞선 저항의 불씨가 되었으며, 사회 각계각층에서도 학생들을 지지하는 목소리가 높아지고 있다. 전문가들은 이번 운동이 단순한 학생 시위를 넘어 3·1 운동 이후 최대 규모의 항일 민족 운동으로 발전할 가능성이 크다고 평가하고 있다.

제8호 일제 강점기

학생, 역사를 움직인 주역이 되다

자유를 향해 날아오르는 독수리 같은 학생들

"지식인으로서 사회적 책임 의식을 가지다"

지금 이 책을 읽고 있는 여러분은 대부분 학생일 겁니다. 학생이 가장 자주 듣는 말은 무엇일까요? 아마 "공부해라."가 아닐까요? 하지만 우리 역사 속에서 학생은 공부만 하는 존재가 아니었습니다.

1919년 3·1 운동 때 탑골 공원에서 만세를 외치기 시작한 이도 학생이었고, 휴교령이 내려지자 고향으로 돌아가 만세 운동을 전국으로 퍼뜨린 이도 학생들이었습니다. 1926년 6·10 만세 운동과 1929년 광주 학생 항일 운동 또한 학생들이 중심이 되어 일으킨 역사적인 사건이었습니다.

그 시대의 학생들은 자신을 단순히 어린 청소년으로 여기지 않았습니다. 그들은 '배운 사람'으로서 사회적 책임을 지닌 시민이라 믿었습니다. **조금 더 배웠다면, 그 배움으로 세상을 바꾸는 데 써야 한다고 생각했지요. 그래서 불의 앞에서 침묵하지 않았고, 누구보다 먼저 행동했습니다.**

지금 우리는 더 이상 나라를 되찾기 위해 거리로 나가 만세를 외쳐야 했던 시대에 살고 있지 않습니다. 그러나 학생의 역할은 여전히 중요합니다.

요즘 학생들의 모습을 보면 커다란 날개를 가진 독수리가 닭장 안에 갇혀 있는 듯한 느낌이 듭니다. 멀리 날 수 있는 힘이 있지만, 점수와 경쟁

큰별 칼럼

이라는 울타리에 머물러 있는 것이지요.

하지만 여러분은 충분히 날아오를 수 있습니다. 배움이라는 날개를 펼치고 더 넓은 세상을 바라보며 스스로 생각하고 행동할 수 있어야 합니다. 역사 속 학생들이 그랬듯, 지금 여러분도 세상을 바꾸는 주인공이 될 수 있습니다.

| 제 8 호 | 일제 강점기 |

> 공부를 하는 진정한 목적은 높은 성적을 얻는 것이 아니라, 세상을 이해하고, 옳고 그름을 판단하며, 다른 사람의 아픔에 공감하고, 더 나은 사회와 미래를 만들어 가는 힘을 기르는 것에 있습니다.
>
> 그 힘이 바로 여러분 안에 있습니다. 믿음을 잃지 마세요. 그리고 배운다는 것은 결국 세상을 밝히는 일임을 절대 잊지 마세요.

큰별쌤 최태성의 한국사신문   일제 강점기

일제에 맞서 민족을 지키기 위해 노력하다

◆ 민족 말살 통치   ◆ 조선어 학회 사건   ◆ 한인 애국단   ◆ 8·15 광복

1. 조선어 학회 강제 해산, 국어사전 편찬 중단 위기
2. 〈큰별 인터뷰〉 한인 애국단을 조직한 김구를 만나다
3. 징병제 실시, 전시 동원 체제 강화
4. 1945년 8월 15일, 광복을 맞이하다
5. 〈큰별 칼럼〉 한글은 이렇게 지켜졌다

| 제 9 호 | 일제 강점기 |

조선어 학회 강제 해산
국어사전 편찬 중단 위기

조선어 학회 해산, 우리말 연구 큰 위기

    1942년, 일제가 조선어 학회를 강제로 해산시키고 관련 인물들을 체포했다. 이른바 '조선어 학회 사건'으로 불리는 이번 사건의 영향으로 『우리말 큰사전』을 만들던 사업이 중단될 위기에 놓였다.

    조선어 학회는 1921년, 주시경의 제자들이 세운 '조선어 연구회'에서 시작됐다. 이들은 잡지 『한글』을 발행하고, 한글날의 전신인 '가갸날'을 제정하는 등 한글을 널리 알리고 연구하는 데 힘써 왔다.

한글 맞춤법 통일부터 '말모이 운동'까지

1931년 조선어 학회로 이름을 바꾼 뒤에는 1933년 한글 맞춤법 통일안과 1936년 표준어 규정을 마련하기도 했다.

최근에는 『우리말 큰사전』을 편찬하고자 전국 각지에서 국민이 사용하는 낱말을 모으는 '말모이 운동'을 벌이고 있었다. 학생과 시민들이 자기가 사는 지역에서 쓰는 말을 적어 학회로 보내는 방식으로 진행됐으며, 이렇게 모인 자료는 약 2,600쪽이 넘는 분량이라고 알려졌다.

'민족의식을 퍼트렸다'는 이유로 탄압

그러나 일제는 이 같은 활동을 단순한 학문 연구로 보지 않았다. 기차 안에서 한 학생이 친구와 한국어로 대화했다는 이유로 체포되었고, 조사 과정에서 우리말의 중요성을 가르치던 교사가 조선어 학회 회원임이 드러났다.

이를 계기로 일제 경찰은 "조선어 학회가 민족의식을 높이고 독립사상을 퍼뜨리고 있다."라고 주장하며 사전 원고를 빼앗고, 회원들을 체포했으며, 조선어 학회를 강제로 해산시켰다.

조선어 학회가 해산되면서 우리말을 체계적으로 정리하려던 사업은 큰 위기를 맞이했다. 전문가들은 "이번 사건이 우리말 보존과 연구에 심각한 후퇴를 가져올 것"이라며 우려의 목소리를 내고 있다.

제 9 호　일제 강점기

한인 애국단을 조직한 김구를 만나다

일제의 감시와 탄압으로 대한민국 임시 정부의 활동이 크게 위축되자 김구 선생님께서는 임시 정부에 활기를 불어넣고자 한인 애국단을 조직했습니다. 오늘은 김구 선생님을 만나 이야기를 들어 보겠습니다.

독립을 위한 희생을 꼭 기억하겠습니다.

큰별

먼저, 한인 애국단을 결성하게 된 이유는 무엇인가요?

김구

대한민국 임시 정부는 일제의 감시로 자금이 끊기고, 내부 갈등으로 요원들이 빠져나가면서 활동이 매우 위축되었죠. 이에 적극적인 의열 투쟁으로 새 힘을 불어넣고자 1931년 상하이에서 한인 애국단을 조직했습니다.

큰별 인터뷰

첫 번째 단원으로 이봉창 의사가 지원했다고 들었습니다.

그렇습니다. 이봉창 의사는 일본에서 일하던 청년인데, 직접 저를 찾아와 조국을 위해 싸우게 해 달라고 요청했습니다. 1932년 1월 8일, 이봉창 의사는 도쿄에서 일본 천황이 탄 마차를 향해 폭탄을 던졌습니다. 폭탄이 정확히 목표물에 닿지는 않았지만, 이 사건은 일본 사회에 큰 충격을 주었고, 세계 각국의 언론이 이를 보도하며 한국인의 독립 의지를 주목했습니다.

윤봉길 의사의 훙커우 공원 의거는 세계적으로 큰 논란을 일으켰습니다. 당시 상황을 자세히 설명해 주시겠습니까?

1932년 4월 29일, 일본군은 상하이 사변 승리를 기념하려고 훙커우 공원에서 행사를 열었습니다. 윤봉길 의사는 그 자리에서 폭탄을 던져 일본군 장교와 고위 관리 처단에 성공했지요. 윤봉길 의사는 현장에서 체포되어 사형을 선고받았지만, 전 세계에 깊은 인상을 남겼습니다.

한인 애국단의 의거가 임시 정부에 어떤 영향을 미쳤습니까?

대한민국 임시 정부 활동에 커다란 전환점이 되었습니다. 특히 윤봉길 의사의 상하이 훙커우 공원 의거 이후, 중국 장제스 총통은 "중국의 백만 대군이 하지 못한 일을 조선의 한 청년이 해냈다."라며 그의 용기와 희생을 높이 평가했습니다. 이 사건을 계기로 중국 정부는 대한민국 임시 정부를 공식적으로 인정하고, 군사와 재정 지원을 시작했습니다.

한인 애국단의 이봉창, 윤봉길 의사의 의거는 한국인의 독립 의지가 결코 꺾이지 않았음을 세계에 알리고, 대한민국 임시 정부의 위상을 한층 높이는 계기가 되었습니다. 지금까지 큰별 기자였습니다.

제 9 호　일제 강점기

징병제 실시
전시 동원 체제 강화

학도 지원병·징병제 강행

　1943년, 일제가 '학도 지원병제'를 시행해 어린 학생들까지 전쟁터로 내몰고, 1944년에는 '징병제'를 실시해 한국의 청년들을 강제로 군인으로 끌고 가고 있다. 일제는 1931년 만주사변을 일으킨 데 이어 1937년 중일 전쟁, 1941년 태평양 전쟁을 일으키며 침략 전쟁을 점점 확대해 왔다. 전쟁에 필요한 인력과 물자를 확보하기 위해 1938년 '국가 총동원법'을 제정하고 이를 한국에도 적용하면서 강제 동원이 한층 강화됐다.

일제는 수많은 한국인을 군인으로 내보냈을 뿐 아니라, 광산·비행장·군수 공장 등으로 끌고 가 강제로 노동을 시켰다. 또 군수품을 만든다는 이유로 가정의 금속 제품은 물론, 절이나 교회의 종까지 빼앗아 가고 있어 우리 민족의 삶이 더욱 어려워지고 있다.

민족 말살 통치 강화

한편, 일제는 전쟁 동원을 효율적으로 하기 위해 '민족 *말살 통치'를 강화하고 있다. '내선일체'라는 구호를 내세워 일제와 한국이 한 몸이라는 생각을 강요하며, '황국 신민화 정책'을 추진 중이다. 학생과 일반인 모두에게 "나는 일본 천황의 신민으로서 충성을 다하겠다."라는 '황국 신민 서사'를 외우게 했고, 전국 곳곳에 *신사를 세워 신사 참배를 강요하고 있다.

또한 매일 아침 일본 천황이 있는 도쿄 쪽을 향해 절하는 '궁성요배'가 의무화되었으며, 1940년에는 일본식 성과 이름을 사용하도록 하는 '창씨개명'이 실시되었다. 이를 거부한 사람들은 식량 배급과 취업, 학교 입학에서 불이익을 받았기에, 많은 이들이 어쩔 수 없이 일본식 이름을 받아들이고 있다.

학교에서는 한국어 교육이 폐지되고 모든 수업이 일본어로 진행되고 있다. 우리말 사용이 금지되었으며, 1941년에는 초등학교의 이름도 '국민학교'로 바뀌었다. 일제의 광기 어린 전쟁이 이어지는 가운데, 우리 민족은 이름과 언어, 그리고 삶의 존엄까지 빼앗긴 채 깊은 고통 속에서 신음하고 있다.

***말살** 있는 사물을 뭉개어 아주 없애 버림.
***신사** 일본의 신 또는 일본에 공로를 세운 사람을 신으로 모신 사당.

제 9 호　일제 강점기

1945년 8월 15일 광복을 맞이하다

광복, 마침내 되찾은 빛

1945년 8월 15일, 일제가 연합국에 무조건 항복하면서 우리 민족은 35년 만에 광복을 맞았다. 일제의 항복 소식이 알려지자 전국 곳곳에 태극기가 휘날렸고, 사람들은 거리로 쏟아져 나와 서로 부둥켜안으며 기뻐했다.

광복은 연합국의 승리로 얻은 것이기도 하지만 우리 민족이 끈질기게 독립운동을 펼친 결과이기도 하다. 일제의 거센 탄압 속에서도 우리 민족은 조국 독립의 뜻을 포기하지 않았다. 국내에서는 학생과 농민, 노동자들이 항일 시위를 벌였고, 국외에서도 수많은 독립운동가들이 나라를 되찾기 위해 싸웠다. 이러한 끈질긴 노력과 희생이 쌓여 마침내 세계에서도 한국인의 독립 의지를 인정하게 되었다.

1943년 11월, 미국, 영국, 중국의 대표들은 '카이로 선언'을 통해 "적절한 시기에 한국을 자유롭고 독립된 나라로 만들겠다."라고 발표했다. 이 내용은 1945년 7월 '포츠담 선언'에서도 다시 한번 확인되면서 카이로 선언의 약속인 '한국의 독립'을 재확인했다.

한국광복군, 연합군과 함께 싸우다

한편 1940년, 대한민국 임시 정부는 중국 충칭에서 한국광복군을 창설했다. 1941년 태평양 전쟁이 일어나자 임시 정부는 일제에 선전포고를 하고 연합군에 소속되어 전쟁에 참여했다. 이후 한국광복군은 영국군의 요청을 받아 중국, 인도, 미얀마 전선에 파견되기도 했다. 그리고 미국의 전략 사무국(OSS)과 협력해 국내 진공 작전을 준비했지만, 일제가 예상보다 빨리 항복하면서 실행되지는 못했다.

광복 후 새 나라를 세우려는 움직임

광복 소식이 전해지자 김구를 비롯한 임시 정부 인사들은 곧바로 귀국 준비에 나선 것으로 전해졌다. 또 해외에서 활동하던 독립운동가들도 속속 귀국길에 오르고 있다.

한편 국내에서는 여운형을 중심으로 조선 건국 준비 위원회가 조직되었고, 조선 총독부에게 치안과 행정 업무를 넘겨받기로 했다. 그러나 광복이 연합국의 승리에 따른 것이기도 한 만큼, 한국이 자주적인 정부를 세우기까지는 많은 어려움이 예상된다.

현재 일본군을 무장 해제한다는 명분으로, 38도선을 기준으로 북쪽 지역은 소련군이 점령하였으며, 남쪽에는 곧 미군이 진주할 것으로 알려졌다. 우리 민족은 35년 만에 일제의 지배에서 벗어나 광복의 기쁨을 누리고 있다. 그러나 일제의 패배에 결정적인 역할을 한 미국과 소련이 한반도에 영향력을 확대하고 있어, 자주적인 정부를 세울 수 있을지에 대한 불안감이 커지고 있다.

제 9 호   일제 강점기

한글은 이렇게 지켜졌다

김구는 한글을 지키고자 했다

"민족의 정체성인 한글을 지켜 내는 것도 독립운동"

최준례 여사의
묘비 앞에서
(김구재단)

이 사진을 자세히 보면 비석에 '최준례'라는 이름이 새겨 있습니다. 그 왼쪽에 작은 글씨로 '남편 김구 세움'이라는 문구가 보이죠. 바로 김구의 아내 최준례의 묘비입니다. 묘비 뒤에는 김구와 그의 어머니가 서 있고, 옆에는 어린 두 아들이 나란히 서 있습니다.

최준례는 평소 몸이 약했습니다. 어느 날 계단을 오르다 발을 헛디뎌

허리를 다쳤고, 치료를 받았지만 끝내 회복하지 못했습니다. 결국 1924년 1월 1일, 35세 젊은 나이로 세상을 떠났습니다. 그런데 묘비의 오른쪽을 보면 조금 낯선 글자들이 새겨져 있습니다.

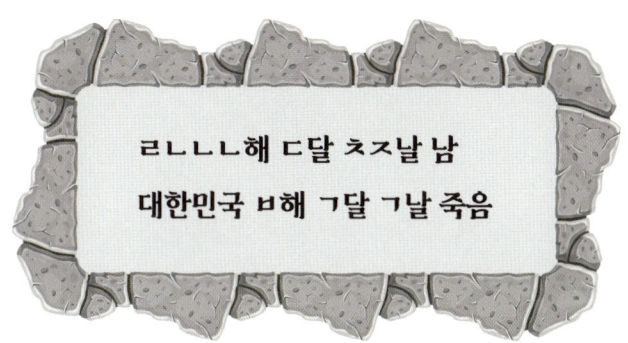

언뜻 보면 마치 암호처럼 보이지만, 이 자음들에는 특별한 뜻이 담겨 있습니다. 한글 자음의 순서를 이용해 아내의 출생일과 사망일을 기록한 것입니다.

'ㄹㄴㄴㄴ해 ㄷ달 ㅊㅈ날 남'은 단기 4222년 3월 19일, 즉 1889년 3월 19일에 태어났다는 뜻이고, '대한민국 ㅂ해 ㄱ달 ㄱ날 죽음'은 대한민국 임시 정부 연호를 기준으로 6년 1월 1일, 즉 1924년 1월 1일에 사망했음을 의미합니다.

그렇다면 김구는 왜 이런 독특한 방식을 택했을까요? 그는 우리 고유의 글자인 한글을 지키겠다는 신념을 아내의 묘비에 새긴 것입니다.

또 출생일에는 고조선의 기원이 되는 단기를, 사망일에는 대한민국 임시 정부 연호를 사용함으로써 우리 민족의 자긍심과 임시 정부의 정통성, 그리고 독립 정신을 함께 새겨 넣은 것이죠.

묘비 하나에도 나라를 향한 그의 신념이 고스란히 깃들어 있습니다.

제 9 호   일제 강점기

    이러한 정신은 곧 조선어 학회로 이어졌습니다. 일제의 민족 말살 통치에 맞서 조선어 학회 회원들은 우리 말과 글을 지키기 위해『우리말 큰사전』편찬에 나섰습니다.

    그러나 1942년, 한글을 연구하던 조선어 학회 회원들이 일제 경찰에 체포되어 혹독한 고문을 당했고, 그들이 만들던『우리말 큰사전』의 원고는 모두 압수되었습니다.

    하지만 1945년 광복 이후, 사라졌던 원고가 서울역 창고에서 기적처럼 발견되었습니다. 조선어 학회 회원들은 다시 모여 사전 편찬을 이어갔고, 1947년 10월 마침내『우리말 큰사전』제1권을 완성했습니다.

    이처럼 수많은 사람들의 헌신과 노력 덕분에 우리는 일제의 탄압 속에서도 우리말과 글을 지켜낼 수 있었습니다. 오늘날 세계가 감탄하는 한글 문화는 바로 그들의 희생과 열정 위에 세워진 것입니다.

    말과 글은 곧 민족의 정신입니다. 우리의 말을 지킨다는 것은, 곧 우리의 정신과 자주성을 지키는 일입니다. 그렇기에 우리는 한글의 소중함을 잊지 말고, 더욱 아끼며 발전시켜야 할 것입니다.

큰별쌤 최태성의 한국사신문 현대

제10호 대한민국 정부가 수립되다

◆ 남북 분단 ◆ 5·10 총선거 ◆ 대한민국 정부 수립 ◆ 제주 4·3 사건

1. 북위 38도선 기준으로 남과 북으로 분단
2. 〈큰별 인터뷰〉 5·10 총선거의 생생한 목소리를 듣다
3. 광복 3년 만에 대한민국 정부 수립
4. 〈큰별 칼럼〉 사람보다 이념이 우선되어서는 안 된다

제 10 호 　현대

북위 38도선 기준으로 남과 북으로 분단

광복 이후, 좌우 갈등 속 혼란 계속

광복 이후 한반도의 정세가 크게 흔들리고 있다. 1945년 12월, 모스크바에서 열린 미국, 영국, 소련 3국 외상 회의에서는 한국에 임시 정부를 수립하고, 이를 지원하기 위해 미소 공동 위원회를 설치하기로 결정했다. 또 미국·영국·소련·중국 4개국이 최대 5년 동안 한국을 함께 관리하는 신탁 통치를 실시하기로 한 것이다.

큰별 기사

　이 소식이 전해지자 국내에서는 *좌익과 *우익 진영 모두 신탁 통치에 반대하는 분위기였다. 그러나 시간이 지나 좌익은 "회의의 핵심은 임시 정부 수립"이라며 회의의 결정을 지지한다는 쪽으로 입장을 바꾸었고, 우익은 "다시 식민 지배를 받는 것과 같다."라며 끝까지 반대했다. 이 때문에 서울과 전국 주요 도시에서는 좌익 진영의 '모스크바 3국 외상 회의 결정 지지 집회'가, 우익 진영의 '신탁 통치 반대 집회'가 열리며 격렬한 충돌이 벌어지고 있다.

한반도, 둘로 갈라지다

　광복 직후 한반도는 북위 38도선을 기준으로 북쪽은 소련군, 남쪽은 미군이 각각 점령했다. 미군과 소련군은 서로 다른 정치 이념을 가지고 있었기 때문에 협력보다는 자신들의 세력을 넓히는 데 더 힘을 쏟았다. 이에 따라 유럽에서 시작된 *냉전의 긴장이 한반도에도 퍼지면서 남과 북의 대립이 점점 깊어지고 있다.

　광복 직후 조선 건국 준비 위원회는 새로운 정부를 세우기 위해 움직였다. 그러나 미군이 한반도 남쪽에 들어온다는 소식이 전해지자, 위원회는 협상에서 주도권을 잡기 위해 조선 인민 공화국을 수립했다. 우익 진영 역시 대한민국 임시 정부를 내세워 세력을 모았다. 하지만 *미군정은 어떠한 국가나 정부 조직도 인정하지 않았다.

　반면 북쪽에서는 소련이 각 지역의 인민 위원회에 행정권을 넘기며 간접 통치를 시행하고 있다. 남과 북의 정치 체제가 서로 달라지고, 좌익과 우익의 대립이 심해지면서 통일 정부 수립은 점점 어려워지고 있다.

*좌익　사회주의, 공산주의를 지향하거나 이에 가까운 집단.
*우익　보수적이거나 민족주의적 경향이 있는 집단.
*냉전　무기를 사용하지 않고, 경제나 외교로 나라끼리 서로 다투는 국제 대립.
*미군정　해방 이후 미군이 38도선 남쪽을 다스리던 군사 정부.

제 10 호 　 현대

5·10 총선거의 생생한 목소리를 듣다

1948년 5월 10일, 국제 연합의 결정대로 남한에서 총선거가 실시되었습니다. 투표 현장 분위기가 어땠는지 사람들을 만나 소감을 들어 보겠습니다.

5·10 총선거 포스터
(선거 관리 위원회)

큰별

이번 5·10 총선거가 무사히 끝났습니다. 직접 투표에 참여하신 소감은 어떠신가요?

투표를 마친 여성

다른 사람들도 그랬겠지만, 저는 이번이 태어나서 처음 해 본 투표였어요. 일제에 우리나라를 빼앗기기 전까지만 해도, 나라의 일은 모두 임금님과 관리들이 알아서 했잖아요. 그런데 광복이 되고 나서는 세상이 많이 달라졌어요. 민주주의인가 뭣인가가 시작되었다고 하더라고요. 이제 스물한 살이 넘으면 남자든 여자든 누구나 나랏일을 맡을 사람을 직접 뽑을 수 있다는 거예요. 우리 집 바깥양반도 처음엔 "여자가 뭘 안다고 그래!" 하더니, 투표를 마치고 나오면서는 슬쩍 묻더군요. "임자는 몇 번 찍었는가?" 하고요.

하하, 그래서 몇 번 찍었다고 알려 드렸나요?

뗵! 기자 양반, 선거를 하나도 모르시는구먼요. 민주주의 선거는 보통, 평등, 직접, 비밀 선거가 원칙이라잖아요! 그래서 누구를 찍었는지는 비밀이에요. 우리 바깥양반한테도 말 안 했어요.

5·10 총선거가 남한에서만 실시된 것을 어떻게 생각하세요?

많이 안타깝죠. 일제의 지배를 그렇게 힘들게 이겨 냈는데, 이제는 하나로 통일된 나라를 세우지 못하게 되었다니 마음이 아파요. 국회의원을 남과 북으로 나누지 말고 함께 뽑아야 그 사람들이 한자리에 모여 법을 만들고, 하나의 정부가 세워질 수 있을 텐데 말이에요.

앞으로도 선거에 계속 참여하실 거지요?

그럼요. 예전엔 여자라고, 신분이 낮다고 차별받았잖아요. 그런데 이제는 모두가 평등한 나라의 주인이라고 하니 얼마나 뿌듯한지 몰라요. 이제 나랏일에도 관심을 가지고, 내가 직접 뽑은 국회의원들이 일을 잘하는지 못하는지 지켜볼 생각이에요.

비록 남한만의 단독 선거로 치러졌지만, 5·10 총선거는 우리 역사상 처음으로 보통·평등·직접·비밀의 원칙을 갖춘 민주 선거였습니다. 이는 국민 모두가 나라의 주인이 되었음을 보여 준 역사적인 순간이었죠. 지금까지 큰별 기자였습니다.

제 10 호 현대

광복 3년 만에 대한민국 정부 수립

대한민국 정부 수립 선포

1948년 8월 15일, 서울 중앙청 앞에서 대한민국 정부 수립이 공식적으로 선포됐다. 광복 3년 만에 국민의 손으로 민주주의 정부를 세운 것이다. 광복 3주년 기념식과 함께 열린 이번 선포식을 축하하기 위해 각계각층의 사람들이 광화문을 가득 메웠다.

이 자리에서 이승만 대통령은 대한민국이 자주독립 민주 공화국으로 새롭게 출발함을 선언하며, 나라를 위해 헌신할 것을 다짐했다.

제헌 국회 헌법 제정·공포

지난 5·10 총선거로 선출된 국회의원 198명은 헌법을 제정하기 위한 '제헌 국회'를 구성했다. 제헌 국회는 국호를 '대한민국'으로 정하고 7월 17일 헌법을 제정했다. 헌법 전문에는 대한민국이 임시 정부의 법통을 이어받았다는 내용이 담겼다.

이후 국회는 헌법 절차에 따라 이승만을 초대 대통령으로, 이시영을 부통령으로 선출했다. 이승만은 내각을 구성하고, 8월 15일 마침내 대한민국의 수립을 선포했다.

그러나 새 정부의 출발이 순탄했던 것만은 아니다. 5·10 총선거가 남한에서만 실시된다는 소식이 알려지자, 제주도에서는 통일 정부 수립을 요구하며 반대 시위가 일어났다. 이를 진압하는 과정에서 많은 주민이 희생되는 제주 4·3 사건이 발생했고, 이 때문에 제주도에서는 총선거가 정상적으로 치러지지 못했다.

한편 38도선 북쪽에서는 김일성을 위원장으로 한 북조선 임시 인민 위원회가 조직되어 별도의 정권 수립을 추진하고 있는 것으로 알려졌다. 많은 어려움을 이겨 내고 대한민국 정부가 세워졌지만, 앞으로 해결해야 할 과제가 아직 많다. 식민지 시대의 잔재 청산, 반민족 행위자 처벌, 경제 발전과 국민의 생활 안정 등이 그 과제이다.

이제 국민의 관심은 새로 세워진 대한민국 정부가 이러한 문제들을 어떻게 해결해 나갈지에 집중되고 있다.

사람보다 이념이 우선되어서는 안 된다

이념 때문에 죽어 간 수많은 사람

"나와 생각이 다른 사람도 존중하는 것이 민주주의"

1946년 3월 1일, 광복 후 처음으로 3·1 운동 기념행사가 열렸습니다. 3·1 운동이 일어난 지 27년 만에 비로소 그날의 정신을 공식적으로 기릴 수 있게 된 것이지요. 일제 강점기에는 태극기를 자유롭게 흔드는 것조차 금지되었기에, 이날을 수많은 우리 국민이 오랫동안 기다려 왔습니다. 특히 3·1 운동에 직접 참여했던 사람들에게는 집 안에 숨겨 두었던 태극기를 드디어 꺼낼 수 있는 감격의 순간이지요.

하지만 기대와 달리, 이날의 기념식은 하나로 모이지 못하고 둘로 나뉘어 열렸습니다. 우익 진영은 동대문 운동장에서, 좌익 진영은 남산에서 각각 행사를 진행했지요. 행사가 끝난 뒤에는 양측 참가자들 사이에 충돌도 벌어졌습니다. 광복의 기쁨이 채 가시기도 전에 이념의 갈등이 시작된 것입니다.

광복 이후 새로운 시대가 찾아오자 두려움에 떨던 이들이 있었습니다. 바로 일제에 협력했던 친일 반민족 행위자들입니다. 이들은 과거를 반성하는 대신, 이념의 갈등 속에서 스스로를 변신시켰습니다. 이념 대립이 심화하자 친일 인사들은 우익 진영에 숨어들어 '공산주의를 처벌하는 반공 투사'라고 주장하며 애국 세력으로 둔갑하였죠.

큰별 칼럼

그 대표적인 인물이 노덕술입니다. 그는 일제 강점기에 수많은 독립운동가를 체포하고 고문한 경찰이었지만, 광복 이후에도 경찰직을 유지하며 오히려 '공산주의자를 색출하는 영웅'으로 찬양받았지요. 이런 일이 가능했던 것은 이념이 정의보다 우선시되는 사회 분위기 때문이었습니다.

이념 대립은 결국 커다란 비극으로 이어졌습니다. 1948년, 남한만의 단독 선거가 결정되자 제주도에서는 이에 반대하는 목소리가 높아졌습니다. 그러나 이러한 움직임은 '좌익의 반란'으로 규정되었고, 군과 경찰이 투입되면서 수많은 제주도민이 희생되었습니다. 이것이 바로 제주 4·3 사건입니다. 제주도민 수만 명이 목숨을 잃거나 다쳤고, 어떤 마을은 같은 날 가족을 모두 잃어 지금도 마을 전체가 같은 날 제사를 지내는 슬픔을 겪고 있습니다.

제 10 호 　 현대

　　국가가 질서를 유지하기 위해 권력을 사용하는 것은 필요하지만, 사람보다 이념을 우선할 때 그 힘은 폭력이 될 수 있습니다. 광복 이후의 혼란 속에서 시작된 폭력은 제주 4·3 사건의 비극으로 나타났고, 6·25 전쟁이라는 더 큰 상처로 이어졌습니다.

　　요즘도 자신과 생각이 다르다고 해서 상대를 틀렸다고 비난하거나 심지어 적대시하는 모습을 종종 볼 수 있습니다. 이런 태도가 자칫 과거의 아픈 역사를 되풀이하지 않을까 우려됩니다. **민주주의는 나와 생각이 같은 사람끼리만 어울리는 것이 아닙니다. 서로 다른 생각을 미워하지 않고, 다름을 인정하며 함께 살아가는 데 그 가치가 있습니다.**

　　이제 우리는 스스로에게 물어야 합니다. '나는 다름을 미워하지 않고 존중하며 살고 있는가?'라고 말이지요. 그 질문에 진심으로 답하려는 마음, 바로 그것이 비극을 반복하지 않기 위한 첫걸음이 될 것입니다.

큰별쌤 최태성의 한국사신문　　　　　　　　　　　　　현대

제11호
한반도에 전쟁의 불길이 타오르다

◆ 6·25 전쟁　◆ 인천 상륙 작전　◆ 흥남 철수 작전　◆ 학도 의용군

1. 북한 남침으로 6·25 전쟁 발발
2. 인천 상륙 작전 성공, 전세 역전
3. 〈큰별 인터뷰〉 흥남 철수 작전 생존자의 이야기
4. 정전 협정 체결, 전쟁의 총성이 멎다
5. 〈큰별 광고〉 6·25 전쟁 사진전
6. 〈큰별 칼럼〉 학도 의용군, 이우근 학도병의 편지

제 11 호 　현대

북한 남침으로 6·25 전쟁 발발

북한군의 남침으로 한반도에 전쟁 발발

1950년 6월 25일 새벽 4시경, 북한군이 38도선을 넘어 남한을 기습 공격하는 사태가 벌어졌다. 이로써 한반도 전역이 순식간에 전쟁의 소용돌이에 빠졌다.

광복 이후 남과 북에 각각 대한민국 정부와 북한 정권이 수립되면서 갈등이 심화되었다. 38도선 부근에서는 크고 작은 무력 충돌이 이어졌고, 긴장은 점점 높아져 갔다.

이런 가운데 미국 국무 장관 애치슨이 군사 방위선을 발표한 '애치슨 선언'으로 한반도가 태평양 방위선에서 제외되자, 북한은 소련과 중국의 지원을 받아 전쟁을 준비한 것이다.

북한군은 전차와 전투기를 앞세워 빠르게 밀고 내려왔고, 국군은 이에 제대로 대응하지 못한 채 서울이 함락되었다. 정부의 피란 명령이 늦어 시민들은 미처 대피하지 못하고 큰 혼란에 빠졌다.

이후 국군은 북한군의 진격을 막기 위해 한강 인도교와 철교를 폭파했으나, 이로 인해 한강 북쪽의 미처 피란을 떠나지 못한 시민들이 큰 피해를 입었다. 국군은 북한군의 공격에 밀려 전쟁이 시작된 지 한 달 만에 낙동강 일대까지 후퇴하였고, 정부도 대전과 대구를 거쳐 부산으로 피란했다.

국제 연합의 참전으로 새 국면

한편 국제 연합(UN)의 안전 보장 이사회는 북한의 남침을 침략 행위로 규정하고, 미국을 비롯해 영국·캐나다·호주 등 16개국으로 구성된 국제 연합군을 남한에 파견했다. 현재 국제 연합군은 국군과 함께 낙동강 전선에서 최후의 방어선을 구축하고 있다.

혼란 속 피란 행렬 이어져

전국 곳곳에서는 피란 행렬이 이어지고 있다. 수백만 명의 피란민이 삶의 터전을 잃은 채 남쪽으로 향하고 있으며, 대구와 부산 등지에는 임시 수용소가 세워졌지만 밀려드는 피란민이 워낙 많아 자리가 부족하고, 식량과 의약품 역시 턱없이 부족한 실정이다.

언제 다시 평범한 일상으로 돌아갈 수 있을지 모르는 불안한 상황 속에서 우리 국민들은 전쟁의 공포를 견디며 하루하루를 보내고 있다.

제 11 호 　 현대

인천 상륙 작전 성공 전세 역전

인천 상륙 작전 성공, 전쟁의 흐름 바꿔 놔

　1950년 9월 15일, 맥아더 장군이 이끄는 국제 연합군이 인천 상륙 작전에 성공하면서 전쟁의 흐름이 크게 바뀌었다. 한 달 가까이 낙동강 방어선에서 치열하게 전투를 벌이던 국군과 국제 연합군은 인천에 상륙해 북한의 *후방을 공격하는 기습 작전을 통해 전세를 완전히 뒤집는 데 성공했다.

위험 무릅쓰고 작전 강행

국제 연합군 총사령관 맥아더는 *함정 261척과 병력 약 7만 명을 이끌고 인천으로 향했다. 앞바다는 조수 간만의 차가 크고 물길이 좁아 군사 작전에 매우 불리한 지역으로 알려졌지만, 맥아더는 "가장 위험한 곳이 가장 안전한 곳"이라며 작전을 밀어붙였다. 그는 인천 앞바다의 지형적 특성이 북한군의 방심을 불러올 것이라 판단한 것이다.

예상대로 북한군은 인천 상륙을 전혀 예상하지 못했다. 나쁜 기상 조건과 복잡한 해상 지형에도 불구하고 국제 연합군은 성공적으로 상륙했고, 작전 첫날부터 주요 거점을 빠르게 장악했다. 인천 해안에는 국군과 국제 연합군의 깃발이 휘날렸고, 전쟁의 흐름은 유리하게 바뀌었다.

서울 수복, 북한군 퇴각 시작

인천 상륙 작전의 성공으로 국군과 국제 연합군은 전쟁의 주도권을 장악했다. 이어 수도를 되찾기 위한 공격을 시작했고, 9월 28일 마침내 서울을 되찾는 데 성공했다.

작전 성공과 동시에 낙동강 방어선에서도 국군과 국제 연합군이 총반격에 나섰고, 북한군을 38도선 이북으로 밀어내는 데 성공했다.

피란민 사이에서는 "이제야 고향으로 돌아갈 수 있게 되었다."라는 기쁨의 목소리가 퍼지고 있다. 전세가 완전히 역전된 지금, 이 전쟁이 어떤 결말을 맞게 될지 전 세계가 주목하고 있다.

*후방 전선에서 비교적 뒤에 떨어져 있는 지역.
*함정 군사용 배를 통틀어 이르는 말.

제 11 호 | 현대

흥남 철수 작전 생존자의 이야기

    1950년 겨울, 중국군이 대규모로 참전하면서 북쪽으로 향하던 국군과 국제 연합군은 후퇴할 수밖에 없었습니다. 뒤로 물러날 길이 없는 상황에서 마지막 선택지는 바다였고, 철수 지점은 함경남도 흥남항으로 정해졌습니다. 오늘은 그 '흥남 철수 작전'을 몸소 겪은 한 피란민의 생생한 목소리를 들어 보겠습니다.

큰별

안녕하세요, 당시 흥남항은 어떤 상황이었습니까?

생존자

    중국군이 엄청난 병력을 이끌고 내려오자 국군과 국제 연합군이 흥남항에서 배로 철수한다는 소식이 퍼졌어요. 그 말을 듣고 우리도 살기 위해 항구로 몰려갔죠. 그런데 20만 명이 넘는 피란민이 모여들었어요. 처음엔 군인과 군수품만 태운다고 해서 다들 불안에 떨며 항구에서 발만 동동 굴렀죠.

수많은 피란민이 배에 타지 못하는 상황이었군요. 그러다 어떻게 피란민도 배에 탈 수 있었나요?

그때 갑자기 "무기를 버리고 사람을 태워라!" 하는 외침이 들렸어요. 나중에 들으니 현봉학 박사님이 미군 아몬드 소장에게 간절히 부탁했고, 국군 장병들도 "민간인을 두고 떠날 수 없다."라고 했다는군요. 결국 미군이 결심을 바꿔 무기와 군수품을 버리고 피란민을 태워 주기로 한 겁니다. 그 순간 '이제는 살 수 있겠다'는 희망이 생겼어요.

정말 기적적인 상황이 펼쳐졌군요. 무기를 버린 덕분에 많은 사람이 배에 탈 수 있었겠네요.

그렇죠. 흥남 철수 작전에는 선박 193척이 동원됐고, 그중 메러디스 빅토리호는 피란민을 1만 4,000여 명이나 태웠대요. 1950년 12월 23일 흥남항을 떠나 크리스마스에 거제도에 도착했죠. 단 한 명도 희생자가 없었고 배 위에서 아기 다섯 명이 태어나 '크리스마스의 기적'이라고 불렸습니다.

거제도에 도착한 뒤 피란 생활은 어땠나요?

살아남았다는 안도감도 잠시, 곧 추위와 굶주림이 찾아왔습니다. 사람들은 천막을 치고 힘겹게 버텼죠. 그래도 '살아 있기만 하면 언젠가 고향으로 돌아갈 수 있다'는 희망을 붙들고 하루하루를 견뎠습니다.

흥남 철수 작전에서 피란민을 가득 태웠던 메러디스 빅토리호는 '배 한 척으로 가장 많은 사람을 구한 선박'으로 기네스북에 등재되어 있습니다. 흥남 철수 작전은 전쟁의 참혹함 속에서도 인류애와 희망을 보여 준, 세계 전쟁사에서 가장 감동적인 순간 중 하나로 기억되고 있습니다. 지금까지 큰별 기자였습니다.

| 제 11 호 | 현대 |

정전 협정 체결 전쟁의 총성이 멎다

판문점에서 역사적 합의

1953년 7월 27일 오전 10시, 판문점에서 6·25 전쟁의 정전 협정이 체결됐다. 3년 넘게 이어진 전쟁이 마침내 멈춘 것이다.

이번 협정에서 국제 연합군, 북한군, 중국 인민 지원군 대표가 서명했으며, 한국 정부는 북진 통일을 주장하며 참여하지 않았지만, 협정 내용을 따르겠다고 밝혔다.

길고 치열했던 협상 과정

*군사 분계선 설정과 포로 송환 문제를 두고 치열한 논쟁이 이어져, 협상은 2년 넘게 계속됐다. 이승만 대통령이 정전에 반대하며 반공 포로를 일방적으로 석방하자 회담이 위기를 맞기도 했으나 미국이 평화 안전과 방위를 목적으로 하는 '한미 상호 방위 조약' 체결과 군사·경제 원조를 약속하면서 협정이 마침내 체결되었다.

협정에 따라 남북의 군사 분계선이 설정되고, 그 사이에 비무장 지대(DMZ)가 조성됐다. 이 지역에는 양측 군대의 출입이 금지되며, 정전 위원회가 감시를 맡게 된다.

폐허 위의 정전, 재건의 과제

총성은 멎었지만 상처는 깊이 남았다. 오랜 전쟁으로 도시와 마을이 무너지고 도로·공장·학교 등 주요 시설이 파괴됐으며, 산업도 멈춰 식량이 멈췄고 식량도 부족한 상황이다. 정부는 "이제부터는 재건의 전쟁을 시작해야 한다."라며 국민의 단결을 호소했다.

수많은 국민이 가족을 잃거나 피란길에서 헤어졌고, 이산가족은 1,000만 명이 넘는 것으로 알려졌다. 피란민들은 폐허가 된 고향으로 돌아와 삶의 터전을 다시 일으키기 위해 힘겹게 노력하고 있다.

진정한 평화를 향하여

정전 협정은 전쟁을 완전히 끝내는 것이 아니라 일시적인 휴전을 의미해 한반도의 긴장은 여전하다. 이제 남은 과제는 무너진 나라를 다시 일으키고, 전쟁 없는 평화를 지켜 나가는 일이다. 전쟁이 끝났다는 소식에 고향으로 돌아온 한 피란민은 "전쟁은 멈췄지만 마음은 아직 불안하다. 다시는 이런 비극이 일어나지 않기를 바란다."라고 말했다.

***군사 분계선** 전쟁 중인 양국의 협정에 따라 설정한 군사 활동의 한계선.

큰별 광고

기억의 현장
6·25 전쟁 사진전
부제: 한반도에 다시는 전쟁이 일어나지 않기를 바라며

전쟁 속의 소녀

탱크 앞에서 동생을 업고 선 어린 소녀가 보입니다.

전쟁의 폐허 속에서도
희망을 이어 가려던 수많은 사람들의 모습을 통해
평화의 가치를 되새기는 시간이 되기를 바랍니다.

- 기간: ○월 ○일 ~ ○월 ○일
- 장소: 별별 전시관

부산 피란민 수용소

옹기종기 모여 밥을 짓는 사람들

부모를 잃은 아이

전쟁으로 혼자가 된 아이의 모습

서울 수복의 날

서울 탈환을 기뻐하며 환영하는 시민들

흥남 철수 작전

남쪽으로 향하는 마지막 길. 흥남항에 모여든 피란민들

다시 돌아온 가족

피란 끝에 다시 집으로 돌아온 모습

남쪽으로 향하는 피란 행렬

끝없는 피란길에 오른 사람들

제 11 호   현대

학도 의용군 이우근 학도병의 편지

책 대신 총을 든 소년들, 학도 의용군 이야기

"학도병의 숭고한 희생과 정신을 기억하다"

'학도 의용군'이라는 말을 들어 본 적 있나요? 전쟁 중에 책가방을 내려놓고 총을 든 학생들, 바로 그들이 학도 의용군입니다. 흔히 '학도병'이라고도 부르지요.

6·25 전쟁 당시 3천 명이 넘는 학생이 국군에 자원입대했고, 그중 2,400명가량이 목숨을 잃었습니다. 그들은 제대로 된 훈련도 받지 못한 채 전쟁터로 향했습니다. 교과서보다 무거운 총을 들고, 교실 대신 자욱한 포탄 연기 속에서 싸웠던 것이죠.

특히 1950년 9월 14일, 경상북도 영덕군 장사리 앞바다에서 벌어진 장사 상륙 작전은 학도 의용군의 희생을 보여 주는 대표적인 전투입니다. 이 작전은 바로 다음 날 시작되는 인천 상륙 작전의 성공을 돕기 위한 것이었습니다. 북한군의 시선을 분산시키려고 인천과 정반대편인 장사리에서 작전을 펼친 것이죠.

그날 수송선 문산호에는 독립 제1유격대대와 학도 의용군 772명이 타고 있었습니다. 대부분 10대 후반 학생이었고, 단 2주간 짧은 훈련만 받은 상태였습니다. 하지만 태풍으로 파도가 거세게 일면서 배가 해안에 닿기도 전에 파괴되었고, 식량과 보급품은 바다에 빠져 버렸습니다.

큰별 칼럼

상륙 과정에서 많은 학도병이 물에 빠져 죽거나 총탄에 맞아 쓰러졌으며, 살아남은 이들은 6일 동안 식량도 없이 싸워야 했습니다. 이 작전에서 139명이 전사하고 92명이 부상을 입었으며, 지금까지도 생사가 확인되지 않은 실종자도 상당합니다.

비슷한 시기에 경상북도 포항에서는 또 다른 학도 의용군이 싸우고 있었습니다. 서울 동성중학교 2학년이던 열여섯 살 소년, 이우근 학생입니다. 그는 자원입대해 포항 전투에 참전했고, 결국 그곳에서 전사했습니다. 전투가 끝난 뒤 그의 군복에서 어머니께 쓴 편지가 발견되었습니다.

> 어머니, 저는 사람을 죽였습니다. 그들도 같은 말을 쓰고 같은 피를 나눈 동족이라 생각하니 가슴이 무겁습니다.
> 어머니, 전쟁은 왜 해야 하나요?

제 11 호   현대

그는 마지막에 이렇게 적었습니다.

> 어쩌면 오늘 죽을지도 모릅니다. 상추쌈이 먹고 싶습니다.
> 찬 옹달샘의 물을 마시고 싶습니다.
> 어머니, 안녕! 아, 안녕은 아닙니다. 다시 쓸 테니까요.

이 편지는 한 소년이 전쟁 속에서 느낀 두려움과 슬픔, 그리고 가족을 향한 그리움을 담고 있습니다. 나라를 지키겠다고 스스로 나섰지만, *군번도 계급도 없이 싸워야 했던 어린 학생들. 겉으로는 용감했지만 속으로는 얼마나 무섭고 외로웠을까요. 오늘날 우리가 누리는 평화는 바로 그들의 희생으로 얻은 것입니다.

학도 의용군은 단지 '전쟁의 희생자'가 아니라, 이 나라의 내일을 위해 싸운 어린 영웅들입니다. **그들의 용기와 나라 사랑을 잊지 말고, 우리가 누리는 이 하루하루가 헛되지 않도록 살아가는 것. 그들의 이름을 잊지 않고 그 마음을 이어 가는 것. 그것이 지금을 사는 우리의 도리가 아닐까 싶습니다.**

군번
군인 개인마다 주어지는 고유 번호.

큰별쌤 최태성의 한국사신문 현대

제12호 시민 혁명으로 새로운 시대를 깨우다

◆ 3·15 부정 선거 ◆ 4·19 혁명 ◆ 5·16 군사 정변 ◆ 경부 고속 도로

1. 부정 선거에 맞선 민주주의 혁명
2. 박정희, 군사 정변으로 정권 장악
3. 서울과 부산을 잇는 경부 고속 도로 개통
4. 〈큰별 칼럼〉 4·19 혁명은 왜 혁명이라 불리는가

제 12 호 　현대

부정 선거에 맞선 민주주의 혁명

국민의 힘으로 독재 정권 무너져

1960년 4월 26일, 이승만 대통령은 "국민이 원한다면 물러나겠다."라며 *하야 성명을 발표했다. 3·15 부정 선거에 대한 저항에서 시작되어 전국으로 번진 거센 시위 물결 앞에 12년간 이어진 독재 정권이 마침내 무너진 것이다.

3·15 부정 선거, 분노의 불씨가 되다

사건은 3월 15일 있었던 대통령과 부통령을 뽑는 선거로부터 시작됐다. 자유당은 이승만의 대통령 재선과 이기붕의 부통령 당선을 위해 투표함을 바꿔치기하고, 이기붕을 찍은 표를 투표함에 미리 넣어 두거나, 3~5명이 함께 서로를 감시하며 투표하도록 하는 등 대규모 부정을 저질렀다.

이 사실이 알려지자 부정 선거에 항의하는 시위가 전국으로 번졌고, 마산에서는 경찰의 총격으로 많은 희생자가 발생했다. 4월 11일 시위 중 실종된 김주열 학생의 시신이 눈에 최루탄이 박힌 채 발견되면서 국민의 분노가 폭발한 것이다.

거리로 쏟아진 시민의 함성

4월 18일, 고려대학교 학생들의 평화 시위가 정치 폭력 단체의 습격을 받자 4월 19일에는 전국의 학생과 시민이 일제히 거리로 나섰다.

서울 광화문과 경무대 앞은 독재 정권과 부정 선거를 비판하는 함성으로 뒤덮였다. 이승만 정부가 비상계엄을 선포하며 강경 진압했지만 국민의 저항은 더 거세졌다.

4월 25일, 대학교수들이 대통령 퇴진 구호를 외치며 시위에 나섰고 여론은 더욱 불붙었다. 결국 다음 날 이승만은 하야 성명을 발표했다. 거리 곳곳에는 "민주주의가 돌아왔다."라는 환호와 눈물이 뒤섞였다.

한 대학교수는 "이번 사건은 '주권은 국민에게 있다'는 헌법의 말을 현실로 만든 민주 혁명"이라고 말했다. 4·19 혁명은 학생과 시민이 스스로 독재를 끝내고 민주주의를 되찾은 국민의 혁명으로 역사에 남게 되었다.

*하야 관리나 정치인이 자신의 자리에서 물러남을 이르는 말.

제 12 호 　 현대

박정희, 군사 정변으로 정권 장악

군인 세력, 무력으로 정권 장악해

1961년 5월 16일 새벽, 육군 소장 박정희를 중심으로 한 일부 군인들이 '국가의 위기를 해결하겠다'는 이유를 내세워 군대를 움직였다.

이들은 서울로 진입해 육군 본부, 국방부, 중앙 방송국 등 주요 시설을 차례로 장악했다. 곧이어 '나라의 혼란을 바로잡고 공산주의를 막겠다'는 내용이 담긴 혁명 공약을 발표하고, 전국에 비상계엄령을 내렸다.

장면 정부의 혼란, 정변의 명분으로

4·19 혁명 이후 사회 곳곳에서는 민주주의를 이루려는 다양한 목소리가 쏟아졌다. 하지만 정권을 잡은 장면 정부는 이러한 요구를 제대로 받아들이지 못했다.

정치 세력의 갈등, 사회적 불안, 물가 상승과 같은 경제 문제도 점점 심각해졌다. 부정 선거와 관련된 인물들의 처벌까지 늦어지자 국민의 실망은 커져만 갔다.

이러한 혼란 속에서 일부 군인들이 "이대로는 나라가 무너질 것"이라는 명분을 내세워 행동에 나선 것으로 보인다.

시민의 불안, 민주주의가 나아갈 방향

육군 사관 학교 생도들은 군사 정변을 지지하는 행진을 벌였고, 장면 총리는 정변 세력의 압박에 밀려 내각 총사퇴를 발표했다. **이로써 군사 세력은 권력을 완전히 장악한 뒤, 군사 혁명 위원회를 '국가 재건 최고 회의'로 이름을 바꾸고 모든 정당과 사회단체를 해산하여 정치 활동을 중단시켰다.**

현재 서울 주요 도로에는 군인들이 배치되어 긴장된 분위기이다. 시민들은 갑작스러운 사태에 놀라워하며 불안을 감추지 못하고 있다. 한 시민은 "정치 상황이 혼란스러운 건 사실이지만, 군인들이 힘으로 나라를 바꾸는 건 걱정스럽다."라고 우려를 표했다.

군은 질서 회복과 부패 척결을 약속하고 있지만, 사회 일각에서는 "헌법을 무너뜨린 쿠데타"라는 비판도 나오고 있다. 4·19 혁명으로 어렵게 세운 민주주의가 이번 사건으로 어떤 변화를 맞게 될지, 국민의 시선이 집중되고 있다.

제 12 호 현대

서울과 부산을 잇는 경부 고속 도로 개통

국가의 대동맥, 경부 고속 도로 개통

1970년 7월 7일, 서울과 부산을 잇는 경부 고속 도로 개통식이 열렸다. 1968년 2월 1일에 공사를 시작해 2년 5개월 만에 완공되었으며, 계획보다 1년 앞당겨 개통되었다.

이번 경부 고속 도로는 박정희 정부가 추진한 제1·2차 경제 개발 5개년 계획의 대표적 성과로 꼽힌다. 이 도로가 완성되면서 서울에서 부산까지 이동하는 시간이 4시간 30분으로 줄어들었고, 물자와 사람이 빠르게 오가며 산업화가 한층 빨라질 것으로 기대된다. 하지만 조기 완공을 목표로 추진된 공사 과정에서 근로자 77명이 숨지는 희생도 있었다.

정부, 경제 개발 주도

박정희 정부는 1962년부터 경제 개발 5개년 계획을 세워 국가 경제를 발전시켜 왔다. 제1차 계획(1962~1966년)으로는 전기·석탄 같은 에너지와 도로·항만 같은 기반 시설을 다지는 데 힘썼고, 현재 추진 중인 제2차 계획(1967~1971년)으로는 철강·기계·화학 공업 육성과 수출 확대에 집중하고 있다.

정부는 부족한 자금을 해외에서 확보하기 위해 노력했다. 서독에 광부와 간호사를 파견하고 그들의 임금을 담보로 돈을 빌렸고, 그 임금은 산업화의 밑거름이 되었다.

또 1965년 한일 협정을 통해 일본에서 무상 3억 달러, 유상 차관 2억 달러를 제공받아 도로와 공장 건설에 사용했다. 그러나 식민 지배 사과와 배상 문제가 해결되지 않은 채 협정이 체결되어 '*굴욕 외교'라는 비판이 일었다.

눈부신 성장 뒤에 남은 과제

이러한 노력으로 한국 경제는 최근 몇 년 동안 연평균 8%가 넘는 성장률을 보이고, 수출 규모는 1960년대 초보다 약 20배 증가했다. 그러나 급속한 성장의 뒤에는 *빈부 격차와 지역 간 불균형, 농촌과 도시 간의 소득 격차 같은 문제도 나타나고 있다. 이에 정부의 종합적인 대책 마련이 시급한 상황이다.

***굴욕** 남에게 억눌리어 업신여김을 받음.
***빈부 격차** 가난하고 부유한 정도가 다른 정도.

제 12 호 현대

4·19 혁명은 왜 혁명이라 불리는가

부정에 맞서 민주주의의 힘을 보여 준 4·19 혁명

"국가의 주권자는 국민이다"

우리는 흔히 우리나라의 역사를 반만년 역사라고 부릅니다. 그 긴 세월 동안 단 한 번도 일어나지 않았던 놀라운 사건이 1960년에 일어났습니다. 바로 국민이 스스로 최고 지도자를 끌어내린 일, 그것이 4·19 혁명입니다.

혁명은 나라의 제도나 권력을 근본적으로 바꾸는 일을 뜻합니다. **4·19 혁명을 혁명이라고 부르는 이유는 잘못된 권력을 국민의 손으로 끌어내린, 우리 역사상 처음 있는 일이었기 때문입니다.**

민주주의의 핵심은 선거입니다. 국민이 스스로 대표를 뽑는 과정인 선거 과정이 공정해야만 모두가 결과를 받아들일 수 있습니다.

하지만 1960년 3월 15일에 치러진 대통령 선거에서는 이 원칙이 완전히 무너졌습니다. 투표함을 바꿔치기하고, 유권자에게 돈이나 물건을 주며 표를 강요하고, 심지어 세 명 혹은 다섯 명씩 조를 만들어 서로를 감시하며 투표하게 하는 일까지 벌어졌습니다. 어떤 지역에서는 투표한 사람의 수보다 투표함에 들어 있었던 표의 수가 더 많았다고 합니다. 이런 부정 선거는 민주주의의 뿌리를 뒤흔드는 일이었습니다.

이 사실을 알게 된 학생들은 분노했습니다. 학교에서 배운 민주주의와 현실의 모습이 너무 달랐기 때문입니다.

큰별 칼럼

학생들은 거리로 나섰고, 시민들도 함께 움직였습니다. 심지어 초등학생까지 시위에 동참해 "부정 선거 다시 하라!", "자유를 달라!"라고 외쳤습니다. 하지만 경찰은 시위대를 향해 총을 쏘았고, 많은 학생과 시민이 목숨을 잃었습니다. 그런 위협에도 국민의 외침은 멈추지 않았습니다.

결국 이승만은 국민의 뜻을 거스르지 못하고 대통령 자리에서 물러났습니다. **독재 정치에 억눌려 있던 국민은 나라의 진정한 주인이 자신들이라는 사실을 다시 깨달았습니다. 4·19 혁명은 부정과 불의에 맞선 국민의 승리였습니다.**

제 12 호 **현대**

그날의 경험은 지금도 「대한민국헌법」 속에 살아 있습니다. 헌법의 첫 머리를 다시 한번 떠올려 봅시다.

> "유구한 역사와 전통에 빛나는 우리 대한국민은 3·1운동으로 건립된 대한민국임시정부의 법통과 불의에 항거한 4·19민주이념을 계승하고……."

이 문장에는 부정 선거에 맞서 싸운 시민과 학생들의 희생을 잊지 않겠다는 약속이 담겨 있습니다. 그들이 지켜 낸 자유와 민주주의 정신이 오늘의 대한민국을 바로 세운 민주주의의 주춧돌이 되었다는 뜻이지요.

그날 거리에서 울려 퍼졌던 '민주주의는 국민의 손으로 지킨다'는 믿음이 지금의 대한민국을 떠받치는 약속으로 남아 있습니다.

큰별쌤 최태성의 한국사신문

현대

제 13 호 유신 체제의 그늘 아래 시작된 사회 변화

◆ 유신 헌법 ◆ 지하철 개통 ◆ 10·26 사태 ◆ 부마 민주 항쟁 ◆ 7·4 남북 공동 성명

1. 유신 헌법 공포, 권력으로 자유를 흔들다
2. 〈큰별 인터뷰〉 옷과 머리도 내 마음대로 못 하나요?
3. 서울에서 청량리까지 지하철 개통
4. 유신 체제에 대한 저항, 10·26 사태로 이어지다
5. 〈큰별 칼럼〉 통일이여, 평화의 바람을 타고 오라

제 13 호 　 현대

유신 헌법 공포 권력으로 자유를 흔들다

유신 헌법 공포, 대통령 권한 대폭 강화

1972년 12월 27일, 정부는 지난 21일 국민 투표에서 확정된 유신 헌법을 공식 *공포했다. 이로써 10월 17일 박정희 대통령의 비상조치 선언 이후 두 달여 만에 새로운 정치 체제가 시작되었다.

정부는 지난 7월 남북이 자주·평화·민족 대단결의 통일 원칙에 합의하여 7·4 남북 공동 성명을 발표했다. 이후 '국가 안보를 지키고 평화 통일에 대비해야 한다'는 이유를 들어 10월 17일 대통령 특별 선언을 발표했다. 박정희는 전국에 비상계엄령을 내리고 국회를 해산한 뒤, 새로운 정치 체제인 유신 체제를 선언했다. 이후 정부는 국민 투표를 거쳐 헌법 개정안을 통과시켰다.

통일 주체 국민 회의, 박정희 대통령 재선출

유신 헌법이 확정된 뒤 통일 주체 국민 회의는 12월 23일 제8대 대통령 선거를 실시했다. 단독 후보로 나선 박정희는 대의원 전원의 찬성으로 다시 대통령에 선출됐다. 박 대통령은 이날 헌법 공포식에서, "유신 헌법은 우리식 민주주의의 길을 여는 헌법"이라고 밝혔다. 새로운 유신 헌법의 가장 큰 특징은 대통령의 권한이 크게 강화되었다는 점이다.

대통령 권한 대폭 강화, 긴급 조치권도 포함돼

유신 헌법에 따라 통일 주체 국민 회의가 간접 선거를 통해 임기 6년의 대통령을 뽑는다고 전해졌다. 이 방식을 거치면 몇 번이든 다시 대통령에 당선될 수 있게 된 것이다. 대통령은 국회의원 3분의 1을 실질적으로 임명하고 국회를 해산할 수 있으며, 위급 시 긴급 조치권을 사용해 국민의 자유를 제한할 수 있다. 이로써 권력이 대통령에게 집중되면서, 국회와 법원이 대통령을 견제하기 어려운 구조가 되었다.

유신 헌법이 공포되자 민주 인사들은 "7·4 남북 공동 성명으로 만들어진 화해 분위기를 정치적으로 이용해 독재를 강화한 것"이라며 "유신 헌법은 국민의 자유를 줄이고, 권력을 오래 잡으려는 것"이라고 비판했다.

사회는 정부의 통제로 침묵에 잠겼고, 언론과 대학 활동도 제한되고 있다.

***공포하다** 확정된 법률이나 조약 등을 일반 국민에게 널리 알리다.

제 13 호 　 현대

옷과 머리도 내 마음대로 못 하나요?

최근 젊은 남성들 사이에서 머리카락을 길게 기른 장발과 청바지가 유행하고 있습니다. 미니스커트를 입은 여성도 많이 보이고요. 그런데 최근 정부가 이런 옷차림과 머리를 단속하겠다고 나섰습니다. 길거리에서 사람들을 만나 이야기를 들어 보겠습니다.

큰 별　**안녕하세요. 정부가 장발을 단속하면서 젊은이들이 긴장하는 분위기인데요, 주변 반응은 어떤가요?**

장발 남성　저도 단속에 걸린 적이 있어요. 친구들과 걸어가고 있는데 경찰이 제 옆 머리카락이 귀를 덮는다며 바로 근처 이발소로 끌고 갔어요. 그 자리에서 강제로 머리카락을 자르는데, 정말 창피하고 화가 났습니다.

큰별 인터뷰

머리카락을 강제로 자르다니 정말 당황스러웠겠어요. 그뿐 아니라 여성의 옷차림도 단속한다면서요?

네, 맞아요. 명동 거리를 지나가면 경찰이 자를 들고 다니며 미니스커트를 입은 여성의 무릎에서 치마 끝까지 길이를 재고 있어요. 길이가 짧으면 바로 경찰서로 끌려가기도 하고 벌금을 내기도 한다고 들었습니다.

정부가 이렇게까지 단속하는 이유는 뭐라고 생각하세요?

정부는 '건전한 사회 분위기를 만들기 위한 조치'라고 했지만, 그 말을 그대로 믿는 사람은 거의 없어요. 밤에는 통행금지를 시키고 정해진 시간에 '국기에 대한 경례'를 하게 하더니, 이제는 머리 모양과 옷차림까지 간섭하고 있습니다. 결국 국민이 자유롭게 생각하고 행동하지 못하게 만들려는 거죠. 저는 이 단속이 사회 통제를 강화하려는 목적이라고 생각합니다.

국민들의 자유를 침해하는 정부에 한마디 하신다면요?

젊은 세대는 장발과 청바지, 통기타 같은 문화로 자신을 표현하며 자유를 추구하고 있어요. 우리는 단지 자유롭게 살고 싶을 뿐이에요. 단속이 심해지니 어쩔 수 없이 머리카락을 짧게 자르는 친구들도 있지만, 자유를 향한 마음까지는 자를 수 없을 겁니다.

박정희 정부는 사회 질서를 유지한다는 이유로 개인의 삶까지 간섭하고 있습니다. 이 과정에서 헌법이 보장한 자유와 권리, 나아가 인간의 생각과 욕망까지 통제하려 한 것이죠. 하지만 젊은이들의 자유를 향한 의지는 꺾이지 않을 것 같습니다. 지금까지 큰별 기자였습니다.

제 13 호   현대

서울에서 청량리까지
지하철 개통

서울 지하철 개통, 9개 지하철역 운행 시작

1974년, 우리나라 최초의 지하철이 개통되었다. 새로 열린 노선은 서울역에서 청량리까지 9.54 km 구간이며, 서울 도심 한가운데를 가로지른다.

1971년 4월 첫 삽을 뜬 지 3년 4개월 만의 결실이다. 총 공사비 330억 원, *연인원 280만 명이 투입된 대규모 사업이었다.

서울 지하철 1호선은 서울, 시청, 종각, 종로 3가, 종로 5가, 동대문, 신설동, 제기동, 청량리 이렇게 9개 역으로 구성되었으며, 하루 약 40만 명의 승객을 실어 나를 것으로 전망된다. 개통을 기념해 발매된 30원짜리 한정판 표는 조기 매진될 정도로 인기를 모았다.

시민들은 "지하철이 드디어 우리 발밑을 달린다."라며 감격스러워했다.

인구 급증으로 지하철 필요성 나타나

지하철 건설은 급격히 늘어난 서울 인구와 교통난을 해결하려는 국가적 과제의 결과였다. 1960년대 후반에 서울 인구가 500만 명에 가까워지면서 버스와 자동차만으로는 넘쳐 나는 교통 수요를 감당하기 어려워졌다. 공사 규모가 워낙 방대하고 기술과 재정 부담이 컸던 만큼 반대 여론도 적지 않았다. 이에 지하철 건설 본부는 '역사의 죄인이 되지 말자'는 표어를 내걸고 반드시 성공시키겠다는 굳은 의지로 공사를 추진했다.

침통한 분위기 속 개통식 거행

그러나 지하철 개통식은 슬픔 속에서 조용히 치러졌다. 개통식이 열리기 한 시간 전, 남산 국립 극장에서 열린 광복절 경축식 중 박정희 대통령의 부인 육영수 여사가 괴한의 총탄에 맞아 숨지는 사건이 발생한 것이다. 갑작스러운 비보에 현장은 침통한 분위기로 가라앉았고, 시민들은 고인의 명복을 빌며 조용히 첫 열차가 출발하는 순간을 지켜보았다.

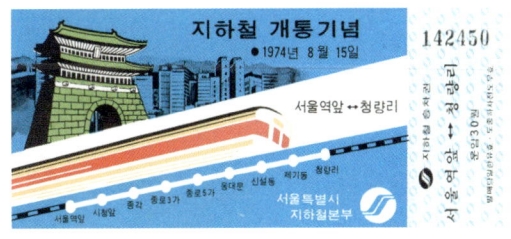

지하철 개통 기념 표
(국립 민속 박물관)

***연인원** 어떠한 일이 하루에 완성되었다고 가정하고 일수를 사람 수로 환산한 총인원수.

제 13 호 　현대

유신 체제에 대한 저항 10·26 사태로 이어지다

박정희 대통령 피살, 18년 장기 집권 막 내려

　1979년 10월 26일 밤, 박정희 대통령이 서울 궁정동 중앙정보부 *안가에서 중앙정보부장 김재규가 쏜 총을 맞고 숨졌다. 10·26 사태로 불리는 이 사건의 현장에는 대통령 경호실장 차지철 등 정부 인사도 함께 있었으며, 김재규는 곧바로 체포됐다.

유신 반대 운동 이어져

1972년 유신 헌법이 발표된 뒤, 이를 비판하던 야당 지도자 김대중이 중앙정보부 요원에게 납치되는 사건이 일어났다. 이후 장준하를 중심으로 헌법 개정 100만인 서명 운동이 벌어지는 등 유신 반대 움직임이 확산되었다.

그러나 정부는 긴급 조치를 잇달아 내려 반대 세력을 강하게 탄압했다. 그래도 유신 반대 운동은 계속되었고, 1976년 명동 성당에서는 재야 인사와 종교 지도자, 교수들이 함께 '3·1 민주 구국 선언'을 발표하며 긴급 조치 철회와 정권 퇴진을 요구했다.

부산·마산 시위로 번진 분노

이런 상황이 전개되던 1979년 여름, YH무역 여성 노동자들이 임금 체불과 회사 폐쇄에 항의하며 시위를 벌이자 정부는 경찰을 투입해 강제 진압했다. 이 과정에서 노동자 한 명이 숨지며 여론이 크게 악화됐다. 야당 총재 김영삼이 외신 기자 회견에서 이를 비판하자, 정부는 김영삼을 국회 의원직에서 제명했다.

이를 계기로 부산과 마산에서는 학생들을 중심으로 유신 반대 시위가 일어났고, 경기 침체로 힘들어하던 시민과 노동자까지 동참하면서 시위는 급속히 번졌다. **상황이 악화되자 정권 내부에서도 해결 방안을 두고 갈등이 커졌고, 결국 10월 26일 박정희 대통령이 중앙정보부장 김재규에게 피살되는 사건이 벌어진 것이다.**

정부는 비상계엄을 선포하고 군을 투입했으나, 박정희 대통령의 죽음으로 유신 체제는 사실상 붕괴되었다. 국민은 이제 진정한 민주주의가 이루어질지 주목하고 있다.

***안가** 특수 정보 기관 따위가 비밀 유지를 위하여 이용하는 일반 집.

제 13 호 　 현대

통일이여, 평화의 바람을 타고 오라

헌법에서 말하는 우리의 과제는 통일

"우리가 할 일은 남북한 사이의 벽을 조금씩 무너뜨리는 것"

「대한민국헌법」 제4조에는 다음과 같이 쓰여 있습니다. "대한민국은 통일을 지향하며, 자유민주적 기본질서에 입각한 평화적 통일정책을 수립하고 이를 추진한다." 또 제66조 제3항에는 "대통령은 조국의 평화적 통일을 위한 성실한 의무를 진다."라고 기록되어 있습니다.

헌법에 통일이 적혀 있다는 것은 통일이 단순한 이상이나 먼 미래의 꿈이 아니라 우리 모두가 함께 실천해야 할 현재의 과제임을 뜻합니다.

우리 역사에는 많은 전쟁이 있었습니다. 하지만 고려가 세워진 뒤의 전쟁은 대부분 외세의 침략에 맞서 싸운 것이었어요. 이후 같은 민족끼리 총을 겨눈 전쟁은 오직 한 번, 1950년에 벌어진 6·25 전쟁뿐이었습니다. 그 전쟁으로 국토는 폐허가 되고 수많은 생명이 희생되었습니다. 서로에게 총을 겨눈 결과, 남과 북의 갈등은 깊어졌습니다.

전쟁이 끝난 뒤 분단은 굳어지고 남과 북의 대립은 이어졌지만, 1970년대에 들어 평화와 공존을 위한 노력도 시작되었습니다. 1972년 발표된 '7·4 남북 공동 성명' 발표는 남북이 처음으로 통일의 기본 원칙을 함께 밝힌 역사적 사건입니다. 그 원칙은 자주·평화·민족대단결, 외세의 간섭 없이 우리 힘으로, 전쟁이 아닌 평화의 방법으로 힘을 합쳐 통일을 이루자는 약속이었지요.

1980년대 후반, 냉전이 완화되면서 남북 관계에도 변화가 찾아왔습니다. 1991년 노태우 정부 시기, 남북은 함께 국제 연합(UN)에 가입하고 '남북 기본 합의서'를 채택하여, 서로를 인정하고 교류와 협력을 약속한 것이지요. 2000년 김대중 정부의 '햇볕 정책'으로 첫 남북 정상 회담이 열렸고, '6·15 공동 선언'이 발표되었습니다.

7·4 남북 공동 성명이 "우리는 하나"라는 선언이었다면, 남북 기본 합의서는 그 약속을 제도화했고, 6·15 공동 선언은 실천으로 옮긴 결과였습니다.

물론 이후에도 북한의 핵 실험, 미사일 발사, 연평도 포격 등 어려움이 이어졌습니다. 그러나 2018년 평창 동계 올림픽을 계기로 남북 단일팀이 한 깃발 아래 섰고, 판문점에서 남북 정상이 손을 맞잡으며 평화와 번영의 길을 모색했습니다.

제 13 호 현대

　　지금도 남북 관계는 여전히 쉽지 않습니다. 통일이 하루아침에 이루어지지는 않겠지만, 우리가 할 일은 남북 사이의 벽을 조금씩 허무는 일입니다. 서로를 이해하고 대화의 끈을 놓지 않는 것, 그것이 바로 통일의 시작입니다.

　　무엇보다 통일은 평화와 번영으로 가는 가장 현실적이고 실질적인 선택입니다. 군사적 긴장이 사라지면 막대한 국방비를 줄여 그 자원을 교육, 복지, 과학 기술에 투자할 수 있습니다. 남한의 자본과 기술, 북한의 노동력과 자원, 그리고 유라시아 대륙과 연결된 교통망이 만나면 한반도는 동북아 경제의 중심으로 도약할 것입니다. 또 오랜 세월 가족이 갈라져 살아야 했던 이산가족의 아픔이 치유되고, 한민족이 다시 하나의 공동체로 거듭날 수 있습니다.

　　통일은 우리 미래 세대에게 반드시 물려줘야 할 소중한 선물입니다. 앞선 세대가 식민 통치의 고통을 이겨 내고 민주주의를 세우며, 가난한 나라를 경제 대국으로 일군 세상을 우리에게 물려주었듯이 말이지요.

　　이제는 우리가 그 과제를 이어받아, 분단이 아닌 평화와 번영의 시대를 다음 세대에게 선물할 차례입니다. 오늘 우리가 내딛는 작은 걸음 하나하나가, 하나 된 한반도에서 살아갈 내일의 세대를 위한 희망의 발판이 될 것입니다.

큰별쌤 최태성의 한국사신문

현대

제 14 호

민주화의 씨앗이 싹트다

◆ 5·18 민주화 운동 ◆ 6월 민주 항쟁 ◆ 서울 올림픽 ◆ 남북 기본 합의서

1. 5·18 민주화 운동, 시민들 계엄군에 맞서다
2. 6월 민주 항쟁, 대통령 직선제를 이끌어 내다
3. 〈큰별 인터뷰〉 서울 올림픽 개최, 세계인의 축제가 열리다
4. 남북 기본 합의서 채택, 화해의 시대 열려
5. 〈큰별 칼럼〉 프로 야구는 그저 즐거운 스포츠일까?

제 14 호　현대

5·18 민주화 운동
시민들 계엄군에 맞서다

12·12 사태, 다시 군인들이 장악

1980년 5월 27일 새벽, 계엄군이 광주 시내로 진입해 전남도청에서 시위를 벌이고 있던 시민군을 무력으로 진압했다. 이로써 열흘 동안 이어진 5·18 민주화 운동은 결국 막을 내리게 됐다.

이번 사태는 신군부 세력이 정권을 잡으면서 시작됐다. 1979년 10·26 사태로 박정희 대통령이 사망하자, 국무총리였던 최규하가 대통령 권한 대행이 되었고, 이후 최규하는 비상계엄을 선포하고 통일 주체 국민 회의에서 대통령으로 선출됐다.

그는 긴급 조치를 해제하고 정치인 복권, 해직 교수 복직, 제적 학생 복교 등의 조치를 시행하며 민주화를 약속했다. **하지만 같은 해 12월 12일, 전두환과 노태우 등 일부 군인이 군사 쿠데타를 일으켜 군사권을 장악했고, 이를 바탕으로 집권을 위한 계획을 실행해 갔다.**

광주 시민, 계엄군의 폭력 진압에 맞서

신군부의 정권 장악에 맞서 학생과 시민들은 민주적인 헌법 개정을 요구하며 대규모 시위를 벌였다.

그러나 신군부는 5월 18일 0시를 기해 비상계엄을 전국으로 확대하고 모든 정치 활동을 금지했다. 같은 날 아침, 광주에서는 등교하던 전남대학교 학생들이 공수 부대의 폭력 진압을 당하면서 상황이 급격히 악화됐다. 이어 5월 21일에는 전남도청 앞에서 군인의 총격으로 많은 사상자가 발생했다. 분노한 시민들은 경찰서 등에서 무기를 가져와 시민군을 조직했고, 계엄군은 전남도청에서 일단 철수했다.

광주는 외부와 연락이 끊기고 언론 보도도 차단됐다. 계엄군은 광주 시민을 폭도로 몰았지만, 시민들은 스스로 질서를 유지하며 '시민 수습 대책 위원회'를 꾸려 평화적인 협상을 시도했다. 그러나 5월 27일 새벽, 계엄군이 탱크와 헬기를 동원해 시민군이 있는 전남도청으로 진입하면서 시민군의 항쟁은 막을 내릴 수밖에 없었다.

민주화 운동으로 시민 수백 명 희생

아직 공식 발표는 나오지 않았지만, 광주 시민 수백 명이 희생된 것으로 보인다.

전남도청에서 살아남은 한 시민은 "내 가족이, 내 친구가, 내 이웃이 무고하게 목숨을 잃었습니다. 시민을 총칼로 짓밟은 신군부는 반드시 역사의 심판을 받을 것입니다."라고 외치며 울분을 토했다. 민주주의를 향한 광주 시민들의 정신은 계속 이어질 것으로 보인다.

제 14 호 　현대

6월 민주 항쟁, 대통령 직선제를 이끌어 내다

독재에 맞선 국민의 분노

1987년 6월 29일, 민정당 대표 노태우가 대통령 직선제 개헌을 포함한 '6·29 민주화 선언'을 발표했다. 전두환 정부가 국민의 거센 민주화 요구에 결국 굴복한 것이다.

전두환은 1980년 5·18 민주화 운동을 무력으로 진압한 뒤 통일 주체 국민 회의에서 대통령에 선출됐다. 이듬해 헌법을 7년 단임 간선제로 개정하고, 이른바 '체육관 선거'를 통해 다시 대통령 자리에 올랐다.

큰별 기사

불법적인 방법으로 정권을 잡은 전두환 정부는 국민의 반발을 억누르기 위해 언론을 강제로 합쳐 버리고, 보도 지침을 내려 언론을 통제했다. 또한 민주화 운동을 주도한 인사들을 국가 보안법 위반 혐의로 잡아들였다. 이에 정부의 강압적이고 비민주적인 모습을 비판하는 국민의 목소리는 점점 커져 갔다.

민주화 요구와 국민 항쟁

1987년 1월 일어난 서울대생 박종철 고문치사 사건은 국민의 분노가 폭발하는 계기가 되었다. "책상을 탁 치니, 억 하고 죽었다."라는 경찰의 발표는 국민의 분노에 더욱 불을 지폈다. 시민들은 전두환 정권 퇴진과 대통령 직선제 개헌을 강하게 요구하기 시작했다.

그러나 정부가 기존 헌법을 유지하겠다는 *호헌 조치를 발표하자, 대학가와 도심 곳곳에서 "호헌 철폐! 독재 타도!"를 외치는 시위가 이어졌다. 이어 6월 9일, 연세대학교 시위 현장에서 대학생 이한열이 경찰이 쏜 최루탄에 맞아 쓰러지면서 시위는 전국적인 항쟁으로 번져 나갔다.

시청 인근 회사에 다니는 한 직장인은 "힘을 합쳐 반드시 국민의 직선제 요구를 관철시켜야 한다."라며 "점심시간마다 나와서 시위에 참여하고 있다."라고 밝혔다.

6·29 선언과 민주화 성취

결국 분노한 민심 앞에서 전두환 정부는 무릎을 꿇었다. 6월 29일, 당시 여당이었던 민정당 대표 노태우가 대통령 직선제 개헌과 민주화 조치를 약속하는 '6·29 선언'을 발표했다. 이에 따라 국민이 직접 대통령을 선출하는 새 헌법이 만들어질 전망이다.

***호헌** 헌법을 보호하여 지킴.

제 14 호 　현대

서울 올림픽 개최
세계인의 축제가 열리다

1988년 서울에서 제24회 하계 올림픽이 열렸습니다. 160개 나라의 선수들이 참가해 그동안 갈고닦은 실력을 겨뤘습니다. 서울 올림픽 조직 위원회 관계자의 이야기를 들어 보겠습니다.

전 세계가 서울을 지켜보다니 감격스럽군요!

큰 별

서울에서 올림픽을 성공적으로 개최한 소감이 어떠신가요?

서울 올림픽 조직 위원회 위원

준비 과정이 쉽지는 않았습니다. 대규모 경기장 건설부터 선수촌 운영, 교통과 치안까지, 해결해야 할 과제가 산더미였지요. 하지만 '우리도 할 수 있다'는 마음과 국민의 열정적인 참여 덕분에 세계인의 축제를 성공적으로 열 수 있었습니다.

큰별 인터뷰

올림픽 유치 과정에 대한 이야기를 부탁드립니다.

우리나라가 *개발 도상국이었기 때문에 어려운 상황이었지만 위원단은 모든 노력을 다했습니다. 개최지 선정 투표가 열리는 독일 바덴바덴 홍보관에 베를린 올림픽에서 마라톤 금메달을 딴 손기정 선수와 독일 축구 무대에서 활약하는 차범근 선수를 알렸습니다. 심지어는 국제 올림픽 위원회(IOC) 위원들의 마음을 사기 위해 그들의 숙소에 꽃다발을 가져다 두기도 했어요. 정말 할 수 있는 모든 노력을 했습니다.

1981년 9월 30일, 국제 올림픽 위원회(IOC) 총회에서 열린 개최지 선정 투표 결과로 서울이 발표되던 순간 우리 모두가 울었습니다. 그날의 감격을 우리는 '바덴바덴의 기적'이라고 하는데 말 그대로 기적 같은 순간이었습니다.

다시 들어도 정말 감동적인 순간입니다. 그렇다면 올림픽을 준비하며 가장 기억에 남는 순간은 언제입니까?

올림픽 공원과 선수촌, 한강 시민 공원이 조성되면서 서울이 변화해 가는 과정이 가장 인상 깊었습니다. 무엇보다 수많은 시민 자원봉사자가 참여해 '우리의 올림픽'을 만들어 가는 모습이 감동적이었습니다.

모두가 참여한 올림픽이라니 큰 울림을 줍니다. 이번 올림픽의 가장 큰 의미는 무엇이라고 생각하십니까?

무엇보다 '화합과 평화의 올림픽'이었다는 점입니다. 냉전의 벽을 넘어 12년 만에 동서 진영의 모든 나라가 함께했습니다. 서울 올림픽 주제가의 가사처럼 '손에 손잡고, 벽을 넘어서'는 순간이지 않았나 생각합니다.

개발 도상국이던 대한민국이 세계의 중심에서 올림픽을 성공적으로 치러 냈다는 것, 그것은 국민 모두가 함께 만들어 낸 '도전과 자부심의 역사'였습니다. 지금까지 큰별 기자였습니다.

***개발 도상국** 산업의 근대화와 경제 개발이 선진국에 비하여 뒤떨어진 나라.

제 14 호 현대

남북 기본 합의서 채택
화해의 시대 열려

남북 기본 합의서, 분단 이후 최초의 공식 합의

1991년, 남북한이 '남북 사이의 화해와 불가침 및 교류·협력에 관한 합의서', 이른바 '남북 기본 합의서'를 *채택했다. 이는 남북한이 '대한민국'과 '조선 민주주의 인민 공화국'이라는 국호를 사용한 최초의 공식 합의이며, 반세기 동안 이어진 대립을 넘어 평화 공존의 길을 열겠다는 뜻을 담고 있다.

냉전이 해체되는 국제 정세의 변화 속에서 노태우 정부는 소련과 중국 등 공산권 국가와 수교를 추진하며 북한과의 관계 개선에 나섰다. 북한 역시 외교적 고립을 피하고자 남한과의 대화에 응했다. **그 결과 1990년부터 남북 고위급 회담이 열렸고, 1991년에는 남과 북이 나란히 국제 연합(UN)에 가입해 국제 사회 속 공존을 공식적으로 인정받았다.** 그리고 마침내 남북 기본 합의서를 채택하게 된 것이다.

하나의 민족, 평화를 향한 약속

합의서에는 남북이 서로의 체제를 인정하고, 무력으로 침략하지 않으며, 경제·사회·문화 교류를 확대하겠다는 내용이 담겼다. 특히 남북한은 서로를 개별 국가가 아닌 '특수한 관계'로 규정하고, 교류와 협력을 '민족 내부의 교류'로 정의했다는 점에서 큰 의미가 있다. 이는 남과 북이 하나의 민족임을 공식적으로 인정한 것이다.

이번 합의서 채택은 평화 통일을 향한 실질적인 발걸음이자 남북 관계의 전환점으로 평가된다. 또 남과 북의 경제 협력에 제도적 근거를 마련함으로써 향후 경제 발전에도 긍정적인 영향을 미칠 것으로 보인다.

서울의 한 기업인은 "남북이 협력하면 경제 발전의 새 기회가 열릴 것"이라며 기대감을 나타냈다.

남북 기본 합의서 채택을 지켜본 국민은 남과 북이 평화와 협력의 시대를 열고, 한반도의 밝은 미래로 나아가기를 소망하고 있다.

***채택하다** 여러 의견 중에서 하나를 골라 정식으로 받아들이다.

제 14 호   현대

프로 야구는
그저 즐거운 스포츠일까?

국민의 시선을 돌리기 위해 이용된 스포츠

"잘못된 역사를 반복하지 않으려면 깨어 있어야 한다"

2025년 대한민국 프로 야구 리그가 역대 최다 관중 기록을 세우며 큰 인기를 끌고 있습니다. 특히 20대 여성 팬이 크게 늘면서, 이제 프로 야구는 남녀노소 누구나 즐기는 국민 스포츠로 자리 잡았습니다.

우리나라 프로 야구는 1982년에 시작되었습니다. 그러나 그 출범의 이면에는 당시 전두환 정부의 정치적 의도가 숨겨져 있었습니다. 1980년 5월, 광주에서는 민주화를 요구하는 시민들을 신군부가 탱크와 헬기까지 동원해 무자비하게 진압했고, 광주 시민 수백 명이 희생되는 비극이 벌어졌습니다.

정권을 장악한 전두환 정부는 이러한 정권의 불법성과 폭력성을 감추고자 국민의 시선을 정치에서 멀어지게 하려 했습니다. 그 결과 긴장을 누그러뜨릴 만한 정책을 추진했습니다. 야간 통행금지를 해제하고, 해외여행과 교복 자율화를 허용했으며, 영화와 스포츠 같은 대중문화를 장려했습니다. 이런 흐름 속에서 한국 프로 야구가 시작된 것입니다.

전두환 정부는 겉으로는 자유를 내세웠지만, 실제로는 언론 검열과 정치 탄압을 계속했습니다. 국민에게는 즐길 거리를 주었지만, 정치적 표현의 자유는 철저히 제한된 시대였습니다.

큰별 칼럼

　물론 프로 야구가 지금처럼 성장할 수 있었던 것은 국민의 관심과 열정이 뒷받침되었기 때문이기도 합니다. 그러나 그 시작에 담긴 정치적 배경과 의도를 잊지 않는 것도 중요합니다. **역사는 그 시대의 배경과 현실을 함께 바라볼 때 비로소 올바르게 이해할 수 있습니다. 또 역사는 언제나 시민의 선택에 달려 있습니다. 깨어 있는 시민만이 나쁜 역사를 반복하지 않습니다.**

　독일의 히틀러 역시 처음부터 폭력으로 권력을 잡은 독재자는 아니었습니다. 1932년 총선에서 히틀러가 이끄는 나치당은 의석수 1위를 차지하며 국민의 지지를 얻었습니다. 그 결과 1933년에 히틀러는 합법적으로 독일의 총리로 임명되었습니다.

제 14 호	현대

　그러나 그는 곧 의회를 장악하고 반대 세력을 탄압하며, 민주주의 제도를 하나씩 무너뜨렸습니다. '독일을 다시 강하게 만들겠다'는 구호 아래, 그는 국민의 불만과 두려움을 이용해 전쟁을 일으켰고, 그 결과 유럽 전역에서 5,000만 명이 넘는 사람이 희생되었습니다.

　만약 당시 독일 시민들이 그의 선동 뒤에 숨은 폭력성과 차별의 본질을 조금 더 일찍 알아차렸다면, 인류 역사상 가장 참혹한 비극인 제2차 세계대전은 막을 수 있었을지도 모릅니다.

　역사는 과거 이야기에 머물지 않습니다. 지금 우리의 선택이 내일의 역사가 됩니다. **나쁜 역사를 되풀이하지 않으려면 시민이 늘 깨어 있어야 합니다. 그것이 역사를 배우는 이유이며, 오늘을 살아가는 우리가 지녀야 할 자세입니다.**

큰별쌤 최태성의 한국사신문 　　　　　　　　　　　　　　　　　　　현대

제15호 대한민국, 선진국으로 나아가다

◆ OECD 가입　◆ IMF 외환 위기　◆ 남북 정상 회담　◆ K-문화

1. OECD 가입으로 선진국 대열 합류
2. 외환 위기 속 IMF 구제 금융 요청
3. 남북 정상 회담 개최, 화해의 새 시대를 열다
4. 〈큰별 인터뷰〉 K-문화에 푹 빠진 체코 유학생을 만나다
5. 〈큰별 칼럼〉 역사는 패배를 부끄러워하지 않는다

제 15 호　현대

OECD 가입으로 선진국 대열 합류

대한민국, 29번째로 OECD 가입

대한민국이 경제 협력 개발 기구(OECD)의 29번째 정식 회원국으로 가입했다. 경제 협력 개발 기구는 자유 민주주의와 시장 경제 체계를 기반으로 한 국가 간 경제·사회 협의 기구로 주요 선진국이 가입되어 있다.

이번 가입은 우리나라가 세계 경제의 핵심 무대에 공식 진입했음을 의미한다. 정부 관계자는 "광복 이후 반세기 만에 산업화와 민주화를 이룩한 성과를 국제 사회가 인정한 결과"라고 밝혔다.

한국은 1960~1970년대 산업화와 수출 중심의 경제 정책으로 급성장했고, 1980년대 이후 민주화가 진전되며 국제적 위상이 높아졌다. 1988년 서울 올림픽, 1991년 남북한 국제 연합(UN) 동시 가입으로 국제적 신뢰를 쌓은 한국은 이번 가입으로 명실상부한 선진국 대열에 합류했다.

환영 속 우려하는 목소리

정부는 경제 협력 개발 기구 가입이 한국 경제의 신뢰도를 높이고 외국인 투자 확대에 도움이 될 것으로 기대하고 있다. 그러나 일부에서는 경제 구조가 아직 안정되지 않은 상황에서 성급한 결정이라는 걱정도 나오고 있다. 특히 농산물 시장 개방에 대한 불안이 컸으며, 금융 시장 규제 완화와 자본 시장 개방 등의 구조 개혁 과제도 남아 있다.

전문가들은 "경제 협력 개발 기구 가입은 끝이 아니라 시작"이라며 "복지·교육·보건 수준을 선진국 기준에 맞게 끌어올리고, 기업 경쟁력을 강화하도록 제도를 개선해야 한다."라고 지적했다.

정부 관계자는 "이번 경제 협력 개발 기구 가입을 계기로 국제 사회의 책임 있는 구성원으로서 성숙한 경제·사회 구조를 만들어 가겠다."라고 밝혔다. 국민의 관심은 이제, 한국이 이러한 과제를 어떻게 극복하며 진정한 선진국으로 발돋움할지에 모이고 있다.

제 15 호 　현대

외환 위기 속 IMF 구제 금융 요청

IMF에 긴급 구제 금융 요청

　정부가 외환 위기를 막고자 국제 통화 기금(IMF)에 긴급 구제 금융을 공식 요청했다. 국제 통화 기금은 약 210억 달러 규모 자금을 지원하겠다고 약속했으며, 세계은행(WB)과 아시아 개발은행(ADB) 등 국제 금융 기구에서도 추가로 350억 달러 지원을 결정했다.
　이로써 총 약 550억 달러 규모 구제 금융이 확보되면서 한국은 국가 부도, 즉 경제가 마비되는 위기를 가까스로 피할 수 있게 되었다.

외환 위기, 국가 부도 위기의 원인

최근 몇 달 사이에 외환 보유액이 급격히 줄어들며 금융 시장이 큰 혼란에 빠졌다. 한보철강을 시작으로 삼미, 기아 등 대기업이 잇따라 부도 처리되면서 한국 경제에 대한 국제 신뢰가 급격히 떨어진 것이다.

외국 투자자들이 자금을 회수하자 원화 가치는 폭락했고, 환율은 연일 급등세를 보였다. 정부는 결국 국제 통화 기금에 긴급 자금 지원을 요청할 수밖에 없었다.

구조 개혁 불가피해 국민 불안 심화

국제 통화 기금은 구제 금융을 지원하는 조건으로 금융 구조 조정, 노동 시장 개혁, 자본 시장 개방 확대 등 폭넓은 개혁을 요구했다. 이에 따라 기업의 구조 조정과 인력 감축은 피할 수 없을 것으로 보인다.

이미 대기업들의 연이은 부도로 실직자가 급격히 늘어난 가운데, 구조 조정이 추가로 진행되면 대량 실업 사태가 일어날 전망이다. 일자리를 찾으려고 거리에 나온 실직자가 점점 늘어나고, 시장의 경기도 얼어붙으며 시민들의 불안감은 더욱 커지고 있다.

제2의 국채 보상 운동, 금 모으기 운동 일어나

IMF 경제 위기로 어려움을 겪고 있는 가운데, 국민이 자발적으로 '금 모으기 운동'에 나섰다. 나라의 외환 부족을 돕기 위해 금반지와 목걸이 등 집에 있던 금을 내놓으며 국민이 나선 것이다. 1998년 1월 5일, 대한적십자사와 언론이 주도해 시작된 이 운동에는 시민과 기업이 함께 참여했으며, 약 227톤이나 되는 금이 모여 국가 부채 상환에 큰 도움이 될 것으로 보인다.

남북 정상 회담 개최 화해의 새 시대를 열다

남북 정상이 두 손을 맞잡다

2000년 6월 13일, 대한민국의 김대중 대통령과 조선 민주주의 인민 공화국의 김정일 국방 위원장이 평양에서 역사적인 첫 남북 정상 회담을 가졌다.

이번 회담은 6월 13일부터 15일까지 사흘간 평양 백화원 영빈관에서 진행됐다. 김대중은 서해 직항로를 이용해 평양 순안공항에 도착했으며, 김정일은 직접 공항으로 나와 맞이했다. 두 정상이 손을 맞잡는 장면은 반세기 분단의 벽을 넘어선 역사적 순간으로 전 세계에 생중계됐다.

6·15 남북 공동 선언 발표

두 정상은 13일과 14일 두 차례 공식 회담 끝에 '6·15 남북 공동 선언'을 발표했다. 선언문에는 남과 북이 통일 문제를 우리 민족끼리 자주적으로 해결한다는 원칙 아래, 남측의 연합제와 북측의 낮은 단계 연방제가 공통성이 있음을 확인하고 앞으로 협의해 나가기로 한 내용이 담겼다. 또 이산가족 상봉을 조속히 추진하고, 경제·사회·문화 분야의 교류와 협력을 확대하기로 합의했다.

이산가족 상봉 추진

서울역 앞 대형 전광판으로 공동 선언 발표 장면을 지켜본 실향민 박모(72) 씨는 이산가족 상봉을 추진할 것이라는 소식에 "50년 만에 고향 가족을 만날 희망이 생겼다."라며 눈시울을 붉혔다.

이번 남북 정상 회담은 불신과 대립으로 얼어붙었던 남북 관계를 화해와 협력의 관계로 바꾸는 출발점이 될 것으로 보인다.

제 15 호 현대

K-문화에 푹 빠진 체코 유학생을 만나다

전 세계 어디서나 한국의 K-문화가 인기입니다. 요즘 한국 문화에 푹 빠져 산다는 체코 유학생 니나 씨를 만나 자세한 이야기를 들어 보겠습니다.

큰별: 안녕하세요, 한국에 온 걸 환영합니다. 우리나라에 오게 된 계기가 궁금합니다.

니나: 도브리 덴(Dobrý den)! 안녕하세요, 니나입니다. 저는 어릴 때부터 OTT로 한국 드라마를 즐겨 봤어요. 배우들이 너무 매력적이고 드라마 속 배경도 인상적이어서 꼭 가 보고 싶다고 생각했죠. 그래서 한글을 *독학으로 공부했고, 유학을 결심했어요. 그런데 한국에 와 보니 정말 멋지더군요.

큰별 인터뷰

한국의 드라마와 음악 등 이런 K-콘텐츠가 전 세계에서 인기를 얻고 있는 이유가 뭐라고 생각하시나요?

이유는 간단해요. 한마디로 정말 멋지거든요! BTS, 블랙핑크 같은 아티스트의 춤과 노래는 환상적이에요. 음악을 듣다 보면 나도 모르게 따라 부르고, 몸이 저절로 움직여요. 한국 드라마도 마찬가지예요. 누구나 공감할 수 있는 스토리이면서, 할리우드의 드라마나 영화와는 다른 신선함이 있지요.

최근 한국 음식을 즐겨 찾는 외국인도 늘고 있습니다. 니나 씨도 한국 음식을 좋아하시나요?

처음 한국 음식을 체코에서 먹어 봤을 때 정말 놀랐어요. 특히 김치와 불고기는 제 입맛에 딱 맞았고, 김밥은 매번 먹어도 질리지 않더라고요. 한국에 와서 좋은 점 중 하나가 이런 맛있는 음식을 마음껏 즐길 수 있다는 거예요.

드라마와 음악으로 시작된 한류 열풍이 앞으로도 계속될까요?

네! 저는 한류 열풍이 앞으로도 계속될 거라고 생각해요. 애니메이션 〈케이팝 데몬 헌터스〉가 전 세계적으로 유행하면서 한국 문화에 관심이 더욱 높아졌어요. 이제 K-문화는 단순히 노래와 드라마에 그치지 않고, 음식·게임·웹툰·뷰티 등 다양한 분야로 그 영향력을 넓혀 가고 있어요. 높은 완성도와 품질, 누구나 공감할 수 있는 이야기 덕분에 많은 사람의 사랑을 받고 있다고 생각해요.

니나 씨처럼 한국 문화를 사랑하고 열광하는 외국인이 점점 늘어나고 있습니다. 우리는 문화 콘텐츠를 적극적으로 개발해 한국 문화가 세계 문화와 자연스럽게 어우러지고, 더 많은 사람들이 한국의 가치를 깊이 이해할 수 있도록 노력해야 할 것입니다. 지금까지 큰별 기자였습니다.

***독학** 스승 없이. 또는 학교에 다니지 아니하고 혼자서 공부함.

제 15 호   현대

역사는 패배를 부끄러워하지 않는다

독립, 자유, 인권을 쟁취해 온 역사

"우리의 작은 실패는 변화를 만드는 씨앗"

우리가 걸어온 근현대사는 한마디로 '해방의 역사'입니다. 조선의 오랜 신분제에서 벗어나 평등을 꿈꾸었고, 일제의 식민 지배에서 자유를 되찾았습니다. 전쟁과 분단, 독재의 시대를 지나며 국민은 민주주의와 인권을 지키고자 끊임없이 목소리를 냈습니다. 또 각자의 자리에서 가난을 이겨 내려고 땀 흘려 일했습니다. 그렇게 수많은 사람의 노력이 모여 오늘의 평온한 일상이 만들어졌습니다.

하지만 이 해방의 길에는 언제나 '패배자'라 불린 사람들이 있었습니다. 신분제 철폐를 외치다 쓰러진 농민들, 나라를 되찾기 위해 활동하다 감옥에 갇혀 고통을 견뎌 낸 독립운동가들, 독재에 맞서 싸우다 깊은 상처를 입고 아직 치유되지 못한 시민들. 그들은 시대의 눈으로 보면 실패자였을지 모릅니다. 그러나 시간이 지나 역사는 분명히 말합니다. "그들의 패배가 있었기에 지금의 우리가 있다."라고 말이지요.

누군가의 쓰러짐 위에서 새로운 길이 만들어지고, 또 다른 누군가가 그 길을 걸으며 세상은 조금씩 앞으로 나아갔습니다. 처음엔 거칠었던 길이 세월이 흐르며 점점 단단해지고 넓어졌습니다. 그렇게 불가능해 보였던 꿈이 현실이 되었습니다. 우리가 누리는 자유와 권리는 바로 그 이름 없

큰별 칼럼

는 이들의 용기와 희생이 만든 결과입니다.

역사는 우리에게 "승리의 이야기 뒤에는 언제나 패배자의 발자국이 있다."라고 말합니다. 진정한 승리는 한순간의 영광이 아니라, 수많은 실패를 견디고 일어선 사람들의 시간 위에 세워진 것입니다. **그래서 역사는 패배를 부끄럽게 여기지 않습니다. 오히려 그 속에서 인간의 용기와 희망을 발견합니다.**

그렇다면 오늘을 사는 우리는 어떤 해방을 이루어야 할까요? 여전히 분단은 이어지고 있고, 세대 간의 벽은 높습니다. 부와 기회의 격차는 커지고, 온라인 세상에는 상처 주는 말들이 넘쳐 납니다. 서로를 미워하기보다 이해하고, 다름을 존중하며, 힘이 약한 사람의 손을 잡아 주는 사회로 나아가는 것, 그것이 지금 우리가 풀어야 할 해방의 숙제입니다.

제 15 호	현대

역사 속 인물들의 꿈은 그들만의 것이 아니었습니다. 독립운동가의 신념은 우리를 식민지에서 벗어나게 해 주었고, 광장에서 울려 퍼진 학생들의 뜨거운 외침은 지금의 성숙한 민주주의를 가져다주었습니다. 노동자들의 땀은 대한민국을 경제 대국으로 일으켰습니다. 앞으로 미래도 마찬가지입니다. 지금 우리가 하는 선택과 도전뿐 아니라 때로는 실패조차도 다음 세대가 어떤 세상에서 살아가게 될지를 결정짓는 밑거름이 됩니다.

100년 뒤의 역사책에는 이렇게 기록될지도 모르겠습니다. "그 시대 사람들은 수없이 넘어졌다. 그러나 그 길 위에서 새로운 희망이 싹텄고, 대한민국은 그만큼 더 나은 사회로 나아갔다."라고 말이지요.

그러니 패배를 두려워하지 맙시다. 우리의 작은 실패가 언젠가 더 큰 변화를 만드는 씨앗이 될 수 있습니다. 넘어지는 순간에도 역사는 우리를 지켜보고 있습니다. 우리가 다시 일어설 때, 그 자리에서 또 다른 세대가 희망의 길을 찾을 것입니다. 역사를 배운다는 건 결국 그런 믿음을 이어가는 일입니다. 그것이 우리가 오늘을 포기하지 않고 살아가야 하는 이유이기도 합니다.

사진 출처

김구재단
126쪽 최준례 여사의 묘비

국가유산청
14쪽 척화비, 28쪽 서울 우정총국, 32쪽 전주성 풍남문, 54쪽 독립문, 92쪽 탑골 공원 팔각정

국립민속박물관
169쪽 지하철 개통 기념 표

국사편찬위원회
96쪽 상하이 대한민국 임시 정부 청사, 149쪽 부산 피란민 수용소, 149쪽 부모를 잃은 아이,
149쪽 서울 수복의 날, 149쪽 흥남 철수 작전, 149쪽 다시 돌아온 가족, 149쪽 남쪽으로 향하는 피란 행렬

독립기념관
111쪽 조선 물산 장려회보 제1권, 표지 한국광복군 서명문 태극기

선거관리위원회
132쪽 5·10 총선거 포스터

위키피디아
111쪽 조선 물산 장려회 서울 회관, 148쪽 전쟁 속의 소녀

한국학중앙연구원
93쪽 3·1 독립 선언서

* 이 책에 수록된 사진은 박물관과 저작권자의 허가를 받아 사용했습니다.
* 이 책에 수록된 사진 중 출처가 불명확하여 허가를 받지 못한 일부 사진에 대해서는
 저작권자가 확인되는 대로 게재 허락을 받고 사용료를 지불하겠습니다.

큰별쌤 최태성의 한국사신문

⑤ 근현대

1판 1쇄 인쇄 2025년 11월 18일 **1판 1쇄 발행** 2025년 11월 25일

기획·글 최태성 **글** 이세영 **그림** 송진욱
연구 및 검수 별별한국사연구소(곽승연, 이상선, 김혜진, 권혜성)

펴낸이 박기석 **콘텐츠실장** 임애라
출판팀장 오성임 **편집** 하명희 **마케팅** 김민지, 김참별
책임편집 성주은 **디자인** 도토리
펴낸곳 아이스크림북스 **출판등록** 2013년 8월 26일 제2013-000241호
사용연령 8세 이상 **제조연월** 2025년 11월 **제조국** 대한민국

주소 (06771) 서울시 서초구 매헌로 16 하이브랜드빌딩 18층
전화 02-3440-4604
이메일 books@i-screamedu.co.kr
인스타그램 @iscreambooks

ⓒ 최태성, 송진욱, 2025

※아이스크림북스는 ㈜아이스크림에듀의 출판 브랜드입니다.
※이 책을 무단 복사·복제·전재하면 저작권법에 저촉됩니다.
※잘못 만들어진 책은 구입하신 곳에서 교환해 드립니다.

ISBN 979-11-6108-775-7(74910)

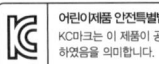